WALTER
HANSEN

# Das große Pfadfinderbuch

Ueberreuter

CIP-Kurztitelaufnahme der Deutschen Bibliothek

*Hansen, Walter:*
Das große Pfadfinderbuch/Walter Hansen.
Wien-Heidelberg: Ueberreuter, 1979.
ISBN 3-8000-3154-X

J 1174/7

Umschlag von Herbert Schiefer, unter Verwendung eines Fotos
von Leo Ralbovsky
Illustrationen von Heinz Bogner

Papier und Gesamtherstellung: Salzer - Ueberreuter, Wien
Printed in Austria

# Inhalt

**Zweiter Teil**

**Dritter Teil**

*»Für das Alter zwischen Kind und jungem Mann scheint mir die Methode Baden-Powells die psychologisch am besten durchdachte zu sein.«*

*Pierre Bovet,*
*Professor für Philosophie und Psychologie*
*an der Universität Genf und Neuenburg,*
*langjähriger Direktor des »Institut Rousseau«*

Dieses Buch ist allen Pfadfindern und Pfadfinderinnen im deutschsprachigen Raum gewidmet.
Es wendet sich darüber hinaus an alle Jugendlichen, die der Pfadfinderbewegung beitreten möchten.
Und es soll die Eltern über einen bewährten Erziehungsweg informieren, der jungen Menschen ein Leben in Selbstverantwortung ermöglicht. w. h.

# Vorwort

**Von Dr. Laszlo Nagy**
**Generalsekretär des Pfadfinder-Weltverbandes**

Öfters wenn ich Freunde treffe, die ich schon lange nicht mehr gesehen habe, erkundigen sie sich, was ich denn jetzt mache. Wenn ich ihnen dann sage, daß ich Generalsekretär der Weltorganisation der Pfadfinderbewegung bin, sind sie ganz erstaunt und fragen: »Wie kommt es, daß die Pfadfinderbewegung immer noch existiert?« Sie sind sehr überrascht zu hören, daß die Pfadfinderbewegung nicht nur existiert, sondern ständig zunimmt und ihre Mitgliederzahl sich in den letzten zehn Jahren verdoppelt hat. Wir haben über fünfzehn Millionen eingeschriebene Mitglieder in der ganzen Welt. Es werden noch mehr, und nichts kann die Pfadfinderbewegung in ihrem Triumphzug stoppen. Offensichtlich haben wir es hier mit einer der größten Erfolgsgeschichten des 20. Jahrhunderts zu tun.

Man könnte fragen, wieso die Pfadfinderbewegung solchen Erfolg hat in einer Zeit, wo den Jugendlichen alles sozusagen auf einer goldenen Platte dargeboten wird. Schwimmen wir nicht gegen den Strom, wenn wir von unseren Pfadfindern Opfer verlangen und erwarten, daß sie uns einen wichtigen Teil ihrer persönlichen Ausbildung übertragen? Dennoch sind wir moderner als so manche andere Jugendbewegung oder -organisation, die erst gestern gegründet wurde. Warum?

Sehr wahrscheinlich deshalb, weil die Pfadfinderausbildung für ein glückliches Heranwachsen sorgt. Sie fördert in einzigartiger Weise den so notwendigen aktiven Kontakt nicht nur zwischen Jugendlichen untereinander und mit Erwachsenen, sondern mit dem Leben überhaupt und im besonderen mit der Natur. Ich glaube, es ist nicht verfehlt zu behaupten, daß viele Zeiterscheinungen – wie Aggressivität, Drogenmißbrauch, Selbstmord, Ausgestoßensein und Nichtanpassung – auf ungenügende zwischenmenschliche Kontakte und mangelnde Lebens- und Naturverbundenheit zurückzuführen sind. In erster Linie sind es die überfütterten Jugendlichen in den modernen Industrieländern, die diesen Gefahren zum Opfer fallen. Ebenso wie die Erwachsenen sind sie in ein System eingespannt, in totaler Abhängigkeit – von der Familie oder dem Staat –, ohne echte Verantwortung, ohne Kontakt mit der Natur oder selbst mit dem beruflichen und praktischen Leben.

Da unsere Hauptaufgabe die Jugend ist, müssen wir natürlich automatisch an die Zukunft denken.

Die Jugend repräsentiert immer und überall die Zukunft. Unsere Bewegung, die größte freiwillige Organisation der Welt im Dienste der Jugend, muß an ihre eigene Zukunft denken. Wir müssen uns die Frage stellen: Hat die Pfadfinderbewegung eine Zukunft?

Es wäre einfach, als Antwort unsere Zukunftswünsche in schöne Worte zu fassen und gleichzeitig den ununterbrochenen Erfolg unserer Bewegung in die Zukunft zu projizieren. Aber dies wäre falsch. Wir haben ein besseres Argument als unsere Vergangenheit und die Hoffnung, für die Pfadfinderbewegung eine glänzende Zukunft vorauszusehen.

Wir sind tatsächlich davon überzeugt, daß die Zukunft nicht den Mächten gehört, die militärisch, wirtschaftlich oder politisch am stärksten sind, sondern denen, deren Bevölkerung hohe sittliche Werte besitzt, die man auch zu mobilisieren weiß. Da die Pfadfinderbewegung weder nach Macht noch nach Reichtum strebt, sondern bereit ist, zu dienen, ist sie es sicherlich wert, daß ihr die künftigen Regierungen der jeweiligen Länder ihr Vertrauen schenken. Niemand kann uns vorwerfen, wir hätten geheime Absichten oder Hintergedanken. Unsere Bewegung setzt sich aus den gewissenhaftesten Elementen der jungen Generation zusammen, die vom grausamen Spiel des täglichen Existenzkampfes noch nicht verdorben sind. Diese jungen Leute sind keine reinen Phantasten, sie verfügen über Sachkenntnisse, handeln im Sinne der Gerechtigkeit und halten zusammen. Wir sind überzeugt, daß eine neue Generation, die besser vorbereitet, mit einem tieferen Bewußtsein für die Menschheit und einer gesteigerten Verantwortung gegenüber dem Nächsten ausgestattet ist, die apokalyptisch scheinende Zukunft der Menschheit ändern könnte.

Wenn wir die internationale Solidarität verstärken und unsere Zusammenarbeit effektiver und weniger egoistisch gestalten, so können wir den Kampf gewinnen, so schwierig und schmerzvoll der Gang der Ereignisse uns auch manchmal erscheinen mag. Wir haben eine unverdorbene Organisation, die all jenen, die unsere Grundprinzipien akzeptieren, offensteht. Diesen Prinzipien wird übrigens eine wachsende Bedeutung zukommen in einer Welt, in der man glaubt, sich alles erlauben zu können, und in der offenbar viele »von allem den Preis, von nichts den Wert« kennen. Mit einem Wort, wir haben eine enorme Chance, ein mächtiger Partner all jener zu werden, die für das Wohl der Menschheit arbeiten.

Aus all diesen Gründen sehen wir für die Pfadfinderbewegung eine glänzende Zukunft.

Herrn Hansens Buch ist ein wichtiger Beitrag zum Verständnis unserer Bewegung und unserer Ziele und damit ein Wegbereiter für die Zukunft. Wir sind ihm dankbar für seine objektiven und intelligenten Ausführungen – nach unserem Wissen das erste Mal in deutscher Sprache –, um die Pfadfinderbewegung der Öffentlichkeit darzustellen, ohne deren Hilfe wir nie das erreicht hätten, was wir jetzt sind, und auch nie mit soviel Glauben und Optimismus in die Zukunft blicken könnten.

# ERSTER TEIL

## Geschichte, Grundlagen und gegenwärtige Situation der Pfadfinderbewegung

# Die große Bruderschaft

**Das Versprechen**

Ich erinnere mich noch genau, wie es damals war, als ich das Pfadfinderversprechen ablegte: Vor dem grauen, zerklüfteten Gemäuer eines mittelalterlichen Wehrturmes saßen wir um ein Lagerfeuer herum. Die Flammen knisterten, prasselten, beleuchteten die Bäume vor dem dunklen Abendhimmel und warfen ihren flackernden Widerschein auf die Gesichter meiner Freunde. Das Lilienbanner flatterte im Abendwind.

Nachdem wir einige Lieder gesungen hatten, schritt der Landesfeldmeister in den Kreis und forderte mich auf, ihm gegenüberzutreten. Alle erhoben sich.

»Bist du bereit«, fragte er mich, »das Pfadfinderversprechen abzulegen?«

»Ja.« Ich griff mit der linken Hand ans Lilienbanner und hob die Rechte zum Pfadfindergruß.

Heute noch, da ich dieses Buch schreibe – mehr als dreißig Jahre später –, kann ich aus dem Gedächtnis zitieren, was ich damals sagte:

»Ich verspreche bei meiner Ehre, mein Bestes zu tun, meine Pflicht zu tun gegenüber Gott und dem Vaterland, meinen Mitmenschen jederzeit zu helfen und den Pfadfindergesetzen zu gehorchen.«

»Damit«, sagte der Landesfeldmeister, indem er mir die linke Hand gab, »nehme ich dich in die große Bruderschaft der Pfadfinder auf.«

**So viele Pfadfinder gibt es**

Die große Bruderschaft!

Sie besteht auf der ganzen Welt. Insgesamt gibt es gegenwärtig 15 Millionen Jungen und 7 Millionen Mädchen in 108 Ländern, die der Pfadfinderbewegung angehören. Im deutschsprachigen Raum sind es fast 400.000. Rechnet man die sogenannten Altpfadfinder dazu – Erwachsene also, die durch das Versprechen ihr Leben lang Pfadfinder bleiben –, so dürften heute rund 80 Millionen Mitglieder der großen Bruderschaft auf der ganzen Welt leben, davon etwa zwei Millionen in Deutschland, Liechtenstein, Österreich und der Schweiz.

**Berühmte Pfadfinder**

Prominente Persönlichkeiten haben in ihrer Jugend das

Pfadfinderversprechen abgelegt. Fast alle amerikanischen Präsidenten unseres Jahrhunderts. Oder Folke Graf Bernadotte, der im Jahre 1948 als Friedensvermittler der Vereinten Nationen ermordet wurde. Oder Thor Heyerdahl, der 1947 mit seinem Floß Kon-Tiki die abenteuerliche Reise von Peru zu den ostpolynesischen Inseln unternahm. Oder der deutsche Physiker Werner Heisenberg, der 1932 den Nobelpreis erhielt.

**Pfadfinder auf dem Mond**

Zur Bruderschaft der Pfadfinder gehören auch fast alle amerikanischen Astronauten. Neil Armstrong beispielsweise betrat am 20. Juli 1969 als erster Mensch den Mond – und hatte unter seinem Weltraumanzug ein Abzeichen des Pfadfinderweltverbandes bei sich. Dieses Abzeichen zeigt eine von einem geknoteten Seil umschlungene Lilie, weiß auf violettem Grund.

Es ist kein Zufall, daß die Männer, die körperlich und geistig die außergewöhnlichen Belastungen einer Weltraumfahrt zu überstehen imstande waren, sich in ihrer Jugend für die Pfadfinderei begeistert hatten. Zwar ist es nicht Zweck der Pfadfinderbewegung, einen jungen Menschen sozusagen auf den Mond zu schießen. Aber die Schulung der Eigenschaften und Talente, die – im extremsten Maße – von Astronauten verlangt werden, gehören zum erzieherischen Programm der Pfadfinderbewegung, die Lord Robert Baden-Powell of Gilwell im Jahre 1907 ins Leben gerufen hat. Der Einfluß seiner Idee auf die Pädagogik, also die Erziehungswissenschaft unserer Tage, ist weitaus größer, als man allgemein weiß. Den angehenden Lehrern auf den pädagogischen Hochschulen wird heute in abgewandelter Form empfohlen, was Baden-Powell bereits vor mehr als siebzig Jahren unter dem zeitlosen Begriff »Pfadfinderbewegung« entwickelt hat.

Was ist nun die Pfadfinderbewegung? Was ist die Pfadfinderpraxis? Was ist ihr tieferer Sinn?

Um diese Fragen zu beantworten, muß ich zunächst einmal von Baden-Powell erzählen, von seinem Lebensstil, seiner Persönlichkeit und seinem abenteuerlichen Schicksal.

# Der Gründer: Baden-Powell

**Ein Nachkomme des großen Seehelden**

Ich habe mit einigen älteren Pfadfindern gesprochen, die Baden-Powell of Gilwell persönlich kennengelernt haben. Sie schildern ihn als einen Mann mit grauen Haaren, gütigen Augen und den markanten, straffen Gesichtzügen des Berufsoffiziers alter Schule. Stets wirkte er jünger, als er war. Auch vor seinem Tode im Jahre 1941 zeigte er sich noch beweglich und munter, sportlich und geistig rege wie immer in seinem Leben. Er starb im 84. Lebensjahr.

Am 22. Februar 1857 war er in London als zwölftes von vierzehn Kindern des anglikanischen Pfarrers Baden-Powell zur Welt gekommen. Er erhielt die Vornamen Robert Stephenson Smyth. – Der Name Smyth sollte an einen berühmten Vorfahren mütterlicherseits aus dem 17. Jahrhundert erinnern, an den legendären Seehelden und Abenteurer John Smyth, Captain Ihrer Majestät der Königin von England.

Der Vater starb, als Robert drei Jahre alt war.

Von der Mutter erzogen, entwickelte er früh ein Gefühl für Ritterlichkeit und Verantwortungsbewußtsein. Später fühlte er sich sehr zu seinem Großvater mütterlicherseits, Admiral W. Smith, hingezogen, einem Kartographen und Astronomen, der in dem Jungen die Lust am Abenteuer und an der Naturbeobachtung weckte.

Während der Internatszeit in dem renommierten College von Charterhouse nützte er jede freie Minute, um einen verwilderten Park zu durchstreifen, Spuren der Tiere zu suchen und sich die »Wissenschaft des Waldes« anzueignen, wie er es nannte.

**Waldläufer schon als Knabe**

Derlei Kenntnisse kamen ihm zugute, als er mit Freunden während der Ferien ausgedehnte Reisen unternahm, zu Fuß oder in einem Boot auf der Themse, ja sogar übers Meer bis nach Norwegen. Die Jungen kampierten im Freien, orientierten sich nach der Sonne und den Sternen, ernährten sich von selbstgefangenen Tieren, die sie im Lagerfeuer grillten – und kehrten stets pünktlich, gesund und aufgeladen mit Selbstbewußtsein zum Beginn des nächsten Schuljahres zurück.

Damals schon lernte Baden-Powell durch eigene Erfahrung, daß der Sport des Waldläufertums weit mehr war als Indianerspielerei: eine hervorragende Schulung des Charakters und der Persönlichkeit junger Menschen.

**Schlechter Schüler – gute Prüfung**

Mit einem mehr als mittelmäßigen Abschlußzeugnis des Charterhouse-College sollte er, der Familientradition entsprechend, an der berühmten Universität in Oxford studieren, doch er bewarb sich um einen Ausbildungsplatz als Offizier der britischen Armee und legte das Aufnahmeexamen mit Glanz ab – als zweiter von 717 Prüflingen! Daraufhin wurde er sofort zum Unterleutnant befördert. Außerdem durfte er sich die Waffengattung, in der er dem Königreich dienen sollte, selbst aussuchen. Als guter und begeisterter Reiter entschied er sich für die Kavallerie, eine als snobistisch verrufene Truppe, der meist die Söhne vermögender aristokratischer Familien angehörten. Robert Baden-Powell war einer der wenigen unter ihnen, die keinen aristokratischen Namen trugen (zum Lord geadelt wurde er erst 1929) und die auch nicht von zu Hause mit Familiengeldern großzügig unterstützt werden konnten. Er war auf seinen Sold angewiesen. Und das war wenig.

**Offizier in Indien**

Als er mit dem 13. Husarenregiment in Indien eingesetzt wurde, fiel er dadurch auf, daß er nicht wie die anderen Offiziere sinnlos Geld verschwendete, sondern sich sogar seinen mageren Soldatensold aufbesserte, indem er Artikel für Zeitungen schrieb und illustrierte. Wenn seine von Langeweile geplagten Kameraden aus vermögenden Familien in Bars saßen, Whisky tranken, Zeitschriften lasen und rauchten, vergnügte er sich in der freien Natur. »Am liebsten«, schrieb sein Freund E. E. Reynolds, »schlich er sich in den Dschungel. Dort lag er regungslos und beobachtete die wilden Tiere, wie sie zur Tränke zogen – den Hirsch, den Schakal, den Eber und den Bären.«

z I

Bei seinen Kameraden war er sehr beliebt. Vor allen Dingen zeigte sich seine Begabung, die gelangweilten Militärs zu unterhalten: er sang im Offizierskasino, arrangierte Theateraufführungen, schrieb die Stücke und die Lieder selbst und brachte so Leben in die Bude.

Dadurch wurde er weithin bekannt. Überall erzählte

man sich von den vielfältigen Begabungen des jungen Offiziers, der allgemein mit den Initialen seines Namen B. P. (englisch ausgesprochen: Bi Pi) genannt wurde.

**Chef der Scouts**

Seine Talente kamen auch den Vorgesetzten zu Ohren. Sie waren von Baden-Powell begeistert: ein Mann wie er, der es einerseits verstand, andere Soldaten bei Laune zu halten und von Langweile zu befreien – der andererseits die Wildnis wie seine Hosentasche kannte und die Geheimnisse der Natur zu entschlüsseln imstande war, bot sich für besondere Führungsaufgaben geradezu an. Die Armeeleitung übertrug ihm daher die Ausbildung der Scouts, der Pfadfinder, die nicht im offenen Kampf eingesetzt wurden, sondern das gegnerische Lager auskundschaften mußten, mit List und Lautlosigkeit nach Art nordamerikanischer Indianer und Trapper.

Bei der Ausbildung dieser Scouts hielt sich Baden-Powell nicht an herkömmliche Methoden, er legte keinen Wert auf Drill, sondern versuchte seine Schützlinge für ihre Aufgabe zu begeistern, indem er ihnen Sinn und Zweck ihrer Tätigkeit erklärte oder ihnen spielerisch beibrachte, was sie wissen mußten. Baden-Powell gab keine strikten Anordnungen, sondern nur Tips und Anregungen, die seine Leute befähigten, an der Lösung eines Problems mitzuarbeiten, selbständig zu denken und in eigener Verantwortlichkeit zu handeln. Er hielt keine langen Vorträge über eigene Erfahrungen, er steuerte seine Schützlinge so, daß sie aus eigenen Erfahrungen lernten. – »Learning by doing« nannte er dieses System: »Lernen durch Tun«.

Bei kriegerischen Einsätzen organisierte er seine Kundschafter zu Patrouillen von etwa fünf Mann, angeführt von einem besonders bewährten und vorbildlichen Soldaten. Dieser Patrouillenführer bekam einen bestimmten Auftrag und hatte bei der Ausführung freie Hand. Die gegenseitige Hilfsbereitschaft war den von ihm ausgebildeten Soldaten so selbstverständlich geworden, daß sie sich auch im Ernstfall, bei größter Gefahr, bedingungslos aufeinander verlassen konnten.

**Nächtliches Abenteuer**

Vor allen Dingen aber machte Baden-Powell seinen Schützlingen alles selbst vor, ohne Strapazen oder Gefahren zu scheuen. Als beispielsweise die Männer einer

Patrouille von einem Kundschafterunternehmen erfolglos zurückkehrten, mit der Begründung, es sei unmöglich, nachts die enge Postenkette des aufmerksamen Gegners unbeobachtet zu durchschleichen – da versuchte es Baden-Powell selbst. Er schlängelte sich nachts im Gras zwischen den feindlichen Wachtposten durch, drang weit ins Gebiet des Gegners ein, kundschaftete wichtige Einzelheiten aus und kehrte ungeschoren zurück. Zum Beweis, daß er tatsächlich im Lager des Feindes gewesen war, hatte er dort seinen Handschuh in einem Gebüsch verborgen. Als das Gebiet später erobert wurde, lag der Handschuh immer noch an dieser Stelle.

Baden-Powell überzeugte – und führte –, indem er ein Vorbild gab.

Wir erkennen hier schon die Grundprinzipien des später gegründeten Pfadfindersystems. Allerdings: die Methode, die Baden-Powell damals in Indien als junger Offizier, als Ausbilder und Anführer der Scouts erdachte und in die Praxis umsetzte, war für Erwachsene vorgesehen, für Soldaten, zum Zweck einer siegreichen Kriegsführung.

Insofern standen seine damaligen Bestrebungen freilich in krassem Gegensatz zu der späteren Pfadfinderbewegung, die nach seinem Willen ausdrücklich dem Frieden dienen sollte.

Erst durch andere Erlebnisse fühlte sich Baden-Powell plötzlich berufen, seine Erfahrungen als Offizier und seine Ausbildungsmethoden für Soldaten im Interesse der Jugenderziehung völlig neu zu überdenken. Und das kam so:

**Jagd auf Häuptling Pempreh**

Nachdem Baden-Powell in Indien, Afghanistan und Malta eingesetzt worden war, erhielt er 1897 – inzwischen zum Hauptmann befördert – den Auftrag, in Südafrika eine Expedition als Vergeltungsschlag gegen den Ashanti-Häuptling Pempreh zu unternehmen. Pempreh war ein Urwaldfürst grausamster Prägung, der nicht nur gegen die englische Kolonialherrschaft rebellierte, sondern auch Mitglieder seines eigenen Volkes als Sklaven verkaufte oder als Menschenopfer bei rituellen Handlungen hinschlachten ließ.

Dort, auf der Fährte des flüchtenden Pempreh, lernte Baden-Powell von befreundeten Eingeborenen ihre besonderen, selbst ihm zum Teil noch unbekannten Methoden der Jagd, des Spurenlesens, der Orientierung, der Urwaldmedizin und ähnlicher Waldläuferkünste.
Dabei vervollkommnete er seine eigenen Erfahrungen, und bald schon war er im Dschungel geschickter als seine eingeborenen Lehrmeister, die ihm den ehrenvollen Namen »Impeesa« gaben: »Der Wolf, der nie schläft.«
Während er tagsüber den blutrünstigen Häuptling jagte, schrieb er nachts am Lagerfeuer sein Buch »Aids for Scouting« (wörtlich: »Hilfen zum Pfadfinden«), in dem er kurz und bündig zusammenfaßte, was er in Indien und Afrika an Waldläufergeheimnissen gelernt hatte.
Als das Manuskript 1897 fertig war, gelang es Baden-Powell endlich, den Ashanti-Häuptling Pempreh gefangenzunehmen, doch er ließ ihn nicht hinrichten, Blutvergießen war Baden-Powell ein Greuel. Der Häuptling zog ins Exil – und wurde ein Freund und Verehrer des Mannes, der ihn überwunden hatte. Als Baden-Powell später seine Pfadfinderbewegung für Jugendliche gründete, war Pempreh einer der ersten afrikanischen Pfadfinderführer! Doch ich greife voraus. Noch aber dachte Baden-Powell nicht an eine Jugendbewegung. Noch schreiben wir das Jahr 1896.

**Das erste Scouting-Buch**

Baden-Powell, inzwischen zum Obersten befördert, kam im Anschluß an sein afrikanisches Abenteuer nach Indien, wo er das Kommando für eine Kavalleriedivision übernahm. Von dort aus sandte er das Manuskript seines Buches »Aids für Scouting« nach England zu einem Verleger. Als es 1899 erschien, ein dünnes Bändchen, empfahl es der englische Generalstab als allgemeine Ausbildungslektüre für Offiziere.
Im selben Jahr brach der Burenkrieg aus.
Buren – der Name kommt aus dem Niederländischen und bedeutet »Bauern« – sind die Nachkommen der Holländer, Niederdeutschen und Hugenotten, die in Südafrika den Oranjefreistaat, Natal und Transvaal gründeten. Dort gerieten sie mit den Engländern, die gewisse Gebiete Südafrikas kolonisieren wollten, in einen Interessenkonflikt. Es kam zum Krieg.

Baden-Powell wurde unverzüglich, im Juli 1899, von Indien abkommandiert und im Burenkrieg eingesetzt, damit er dort, in Afrika, seine bei der Verfolgung des Häuptlings Pempreh gewonnenen Erfahrungen von Land und Leuten, Tieren und Wildnis einsetzte. Er bekam den Auftrag, in Mafeking, einer kleinen Frontstadt, britische Soldaten für den Dschungelkampf auszubilden.

**In der Falle**

Doch die Buren erfuhren bald, daß der inzwischen schon bekannte und berühmt gewordene Afrika-Experte Oberst Baden-Powell in Mafeking war, und am 11. Oktober umzingelte der Burengeneral Cronje mit 9000 Mann die Stadt, um ihn gefangenzunehmen.

Der »Wolf, der nie schläft« saß in der Falle. Er schien verloren. Die Übermacht der Angreifer war rund zehnfach. Innerhalb der Stadtmauern von Mafeking befanden sich außer Frauen, Kindern und Jugendlichen nur 700 ausgebildete Soldaten und etwa 300 Zivilisten, meist ältere Männer, die mit Gewehren einigermaßen umgehen konnten und nur bedingt einsatzfähig waren. Baden-Powell war trotz allem entschlossen, die Stadt zu verteidigen.

Als ein Offizier der Buren mit weißer Fahne in die Stadt ritt und die Besatzung zur Übergabe aufforderte, zog Oberst Baden-Powell gelangweilt die Augenbrauen hoch. »Warum?« fragte er nur.

Der Offizier stutzte über diese einsilbige Antwort und zog wieder ab.

General Cronje schüttelte über das Selbstbewußtsein des Stadtkommandanten den Kopf. Er glaubte, daß Baden-Powell keine Chance habe. Für Cronje war die Eroberung von Mafeking nur noch eine Frage von Tagen.

Doch er hatte sich geirrt.

Baden-Powell verteidigte die Stadt nicht mit Gewalt, sondern mit List. Er täuschte den Buren eine viel größere Zahl an Verteidigern und unbegrenzte Mengen von Munition vor, indem er Strohpuppen auf Schützenwälle legte, geschnitzte Holzgewehre über Schießscharten hinausragen ließ und mit leeren Konservendosen Attrappen von Geschützen aufbaute. Die bewaffneten

Truppen ließ er blitzschnell die Stellung wechseln, mal hier und mal dort Gewehre abfeuern, so daß die Buren glauben mußten, die Stadt strotze vor Verteidigern. Sie wagten nicht, anzugreifen.

**Die Jungen von Mafeking**

Um die Soldaten für den Ernstfall ständig bereit zu haben, rekrutierte Baden-Powell aus den Jungen der Stadt eine Truppe für leichtere militärische Aufgaben: sie wurden als Sanitäter, als Meldegänger und für Spähtrupps eingesetzt.

Dabei stellte Baden-Powell zu seiner Verblüffung fest, daß die Jungen durchaus fähig waren, Verantwortung zu übernehmen, Gefahren zu bestehen und Strapazen zu ertragen – wenn man ihnen nur Vertrauen schenkte und ihnen freie Hand ließ für selbständige, improvisierte Entscheidungen!

Diese Erkenntnis war revolutionierend, damals, zur Zeit der Jahrhundertwende, als die Pädagogen den Jugendlichen überhaupt nichts zutrauten und glaubten, man müsse Jungen und Mädchen mit puritanischer Strenge jeden Handgriff vorschreiben.

Daß heutzutage Lehrer und andere Erzieher die Jugendlichen als ernst zu nehmende Partner behandeln, denen man eine Menge zutrauen kann, ist nicht zuletzt Baden-Powell zu danken. Er war der erste, der diese bahnbrechende pädagogische Entwicklung ausgelöst hatte – auf Grund seiner Erfahrungen mit den Jungen von Mafeking.

Mit Hilfe dieser Jungen war es ihm damals denn auch gelungen, die Stadt Mafeking genau 217 Tage lang zu verteidigen, bis sie schließlich von einem Entsatzkommando britischer Kavallerie im Mai 1900 befreit wurde.

**Ein Held wider Willen**

Als Baden-Powell 1901 auf königlichen Befehl nach England zurückkehrte, um zum General befördert und mit dem Kreuz des Bath-Ordens ausgezeichnet zu werden – da schlug ihm schon bei seiner Ankunft in der Heimat eine Welle der Begeisterung entgegen. Fassungslos stellte er fest, daß er – ohne es zu wollen – ein Nationalheld geworden war, ein Idol der Jugend! Denn ohne sein Wissen hatten englische Zeitungsreporter von der Belagerung Mafekings berichtet, Tag für Tag. Ganz England hatte den spannenden Kampf um Mafeking

atemlos verfolgt. Besonders die Jungen waren begeistert von Baden-Powell.
Während er noch in Mafeking eingeschlossen gewesen war, hatten sie in England sein Buch »Aids for Scouting« gekauft – und nun lasen sie zu Tausenden die Waldläufergeheimnisse ihres Idols. »Aids for Scouting« war ein Jugendbuch-Bestseller geworden!
Das aber schien Baden-Powell sehr bedenklich zu sein. Denn »Aids for Scouting« war ein militärisches Buch, eine Lektüre für den dienstlichen Gebrauch von Offizieren und Soldaten. Als Mann, der den Frieden liebte, wollte er nicht, daß ein derartiges Buch in die Hände der Jungen kam. Doch die Entwicklung ließ sich weder rückgängig machen noch aufhalten. Ein Verbot hätte nichts mehr genützt. Außerdem war Baden-Powell gegen Verbote, wenn sie nicht unbedingt notwendig waren. Was tun?
Es gab nur eine Möglichkeit: Baden-Powell beschloß, ein zweites Scouting-Buch zu schreiben, eines für die Jugend, in dem er die revolutionierenden pädagogischen Erkenntnisse von Mafeking mit den Waldläufergeheimnissen seines abenteuerlichen Dschungellebens verarbeitete. Dieses Buch wollte er »Scouting for Boys« nennen. Es sollte ein umfangreiches Werk werden, das er nur schreiben konnte, wenn er viel Zeit hatte.
Doch so schnell ließ sich sein Plan nicht verwirklichen. Seine beruflichen Verpflichtungen als Offizier nahmen ihn voll in Anspruch. Er erhielt den Auftrag, die in Englands Diensten stehende berittene Schutzpolizei Südafrikas zu gründen und auszubilden.

**Ein Junge namens Kim**

Damals, in Südafrika, las Baden-Powell ein soeben erst erschienenes Buch, von dem er zusätzliche Anregungen für seine später gegründete Pfadfinderbewegung empfing. Das Buch hieß »Kim« und stammte aus der Feder des berühmten englischen Dichters Rudyard Kipling*. Baden-Powell und Kipling waren von Indien her gut befreundet. Kipling erzählt in diesem Buch die Geschichte eines Jungen namens Kim (Kimball O'Hara),

* Rudyard Kipling, 1865–1936, erhielt 1907 den Nobelpreis für Literatur, im selben Jahr, als Baden-Powell die Pfadfinderbewegung gründete.

Sohn eines Unteroffiziers, der einem in Indien stationierten irischen Regiment angehörte. Als die Eltern starben, kam Kim zu einer armen Tante. Dort wuchs er zusammen mit Eingeborenenkindern auf. Er gewann früh an Selbständigkeit. Später reiste er mit einem tibetischen Wanderpriester durch ganz Nordindien. Dabei lernte er in Einöde und Dschungel die Gefahren der Wildnis zu meistern. Im weiteren Verlauf der Geschichte stieß Kim auf den Juwelier Lurgan, der es sich zur Aufgabe machte, Kims Verstand mit verschiedenen Spielen zu schulen: unter anderem zeigte er ihm ein Brett, auf dem wertvolle Steine verschiedener Größe und Farbe lagen. Dann deckte er die Steine zu, und Kim mußte sie aus dem Gedächtnis aufzählen. Durch ständiges, spielerisches Training wurden die Beobachtungsgabe und das Gedächtnis von Kim so geschärft, daß er sich schließlich jede beliebige Menge von verschiedenartigen Steinen einprägen konnte.

Mit solcherlei Fähigkeiten erwies sich Kim später als nützlicher Kundschafter für das Regiment und fürs Vaterland. Dabei erlebte er viele Abenteuer, teils gefährlichster Art, die er jedoch alle trotz seiner jungen Jahre glücklich überstand, weil er gewohnt war, für sich selbst verantwortlich zu sein, selbständig zu handeln, und weil seine Beobachtungsgabe, seine Klugheit und Findigkeit durch Spiele geschult waren.

Baden-Powell war von diesem Buch tief beeindruckt. Erstens fühlte er seine bei der Verteidigung von Mafeking gemachten Erfahrungen bestätigt, daß Jungen durchaus die Pflichten von Erwachsenen erfüllen konnten, wenn man ihnen das entsprechende Vertrauen schenkte – und zweitens erkannte er, daß sich nützliche Fähigkeiten am besten durchs Spiel schulen ließen. Er nahm sich vor, sinnvoll gestaltete Spiele als wichtige Erziehungsmethode in seinem geplanten Buch »Scouting for Boys« zu empfehlen.

**Die Elitetruppe**

Baden-Powell brannte darauf, dieses Jugendbuch zu schreiben, doch noch war er damit beschäftigt, die neugegründete Schutzpolizei Südafrikas auszubilden. Wie immer leistete er ganze Arbeit, und schon bald waren die berittenen Polizisten eine weithin berühmte Elitetruppe. Sie trugen einen breitrandigen Filzhut, Halstuch und Khakihemd – die spätere Tracht der Pfadfinder.

Als er die Truppe aufgebaut hatte, glaubte er Zeit zu haben, um endlich »Scouting for Boys« schreiben zu können, doch da wurde er nach England berufen und 1903 zum Generalinspekteur der gesamten britischen Kavallerie ernannt, mit dem besonderen Befehl, diese berittene Truppe neu zu organisieren. Die Aufgabe hielt ihn völlig gefangen. Er war ständig auf Reisen, von Garnison zu Garnison, und wieder fehlte ihm die Muße, ein so umfangreich geplantes Werk wie »Scouting for Boys« zu verfassen.

Erst als die Kavallerie seinen Vorstellungen von einer modern organisierten Waffengattung entsprach, konnte er sich wieder seinem liebsten Thema, der Jugenderziehung, zuwenden.

**Das erste Pfadfinderlager**

Bevor er zur Feder griff, um das Buch endlich zu schreiben, wollte er persönliche Erfahrungen sammeln. Zu diesem Zweck trommelte er im Jahre 1907 insgesamt 22 Jungen aus verschiedenen Gesellschaftsschichten zusammen: die Söhne von adeligen Kavallerieoffizieren und von Pferdepflegern, von Millionären und einfachen Arbeitern.

Mit diesen zweiundzwanzig Jungen ruderte er vom Hafen der englischen Stadt Poole hinüber auf Brownsea Island, eine kleine, zur Grafschaft Dorset gehörende Insel.

Dort schlug er seine Zelte auf. Die alte Fahne von Mafeking, nach sieben Jahren schon historisch geworden, hatte er vorher aus dem Militärmuseum geholt. Nun flatterte sie am Fahnenmast inmitten des Zeltplatzes.

Wenn man liest, was Baden-Powell über das Lager auf Brownsea Island später schrieb, stellt man fest, daß es sich in nichts von den Pfadfinderlagern unserer heutigen Zeit unterschied.

»Der Trupp der Jungen«, so berichtete Baden-Powell, »wurde aufgeteilt in Patrouillen zu fünf Mann. Der Älteste wurde Patrouillenführer. Diese Einteilung in kleine Gruppen war das Geheimnis unseres Erfolges. Jedem Patrouillenführer wurde volle Verantwortung für das Verhalten seiner Leute übertragen, und zwar für die ganze Zeit des Lagers. Die Patrouille war eine Einheit für Ausbildung, Arbeit und Spiel. Jede Patrouille lagerte an ihrem eigenen Platz. Die Jungen wurden bei ihrer Ehre verpflichtet, die angeordneten Dinge auch auszuführen. Verantwortlichkeit und gesunde Rivalität wurden auf diese Weise geweckt. Eine gute, grundlegende Ausbildung erfolgte jeden Tag für den ganzen Trupp, und so wurde der gesamte Trupp fortschreitend in den Dingen des Pfadfindertums geübt.«

Auf das Gehorsamsprinzip konnte und wollte er dabei nicht verzichten. Er legte aber Wert darauf, daß die Jungen ihm freiwillig folgten, ohne Zwang und ohne Strafe, nur auf Grund seiner Überzeugungskraft, seines guten Beispiels und seiner Persönlichkeit. So sollte es auch später bleiben, bei anderen Pfadfinderführern, auch wenn sie nicht den Nimbus des legendär gewordenen Generals haben konnten.

Die Berühmtheit, die Baden-Powell im Krieg und als Vertreter des klassenbewußten Offiziersstandes erworben hatte, war seiner friedlichen Idee einer klassenlosen Jugenderziehung förderlich. In ganz England sprach sich herum, daß der »Held von Mafeking« ein Jugendlager veranstaltet hatte, in dem kein erzieherischer Zwang ausgeübt worden war.

Nicht alle standen auf seiner Seite. Einige wenige waren gegen ihn, gewisse Snobs, denen es unfaßbar schien, daß beispielsweise der Sohn eines Ministers und der Sohn seines Pförtners zusammen auf einem Zeltlager waren und Würstchen aßen, die sie gemeinsam über demselben Feuer gegrillt hatten.

**Zeitung für Pfadfinder**

Ansonsten aber zeigten sich die meisten Engländer von Baden-Powells neuer Form der Jugenderziehung begeistert.

Unter seinen vielen Anhängern war auch der Londoner Verleger Pearson, der eine Jugendzeitung mit dem Titel »The Scout« (Der Pfadfinder) zu gründen versprach, wenn sich Baden-Powell verpflichtete, dafür Artikel zu schreiben.

Der General sagte zu. Er hatte nun seine eigentliche Berufung erkannt und wollte von der kriegerischen Tätigkeit eines Offiziers nichts mehr wissen. Es gelang ihm auch, König Eduard VII. von dem Sinn der Pfadfinderei zu überzeugen. Und schließlich stimmte der König zu, daß Baden-Powell auf eigenen Wunsch pensioniert werde, um sich ganz seiner neuen Aufgabe widmen zu können.

Der General wurde Jugendführer. In seinem fünfzigsten Lebensjahr!

**Scouting for Boys**

Er mietete einen ruhigen, mit dunklem Eichenholz getäfelten Raum in der Windmühle von Wimbledon Common in London, wo er ungestört arbeiten konnte. Dort verwirklichte er endlich seinen Plan, ein Pfadfinderbuch für die Jugend zu schreiben: »Scouting for Boys«.

Es erschien als Serie, Kapitel für Kapitel, in der Zeitschrift »The Scout«. Es sollte später in alle Kultursprachen der Erde übersetzt und das größte pädagogische Werk unseres Jahrhunderts werden.

Wieso kam es zu diesem Erfolg?

Vor allen Dingen deshalb, weil »Scouting for Boys« keine der damals üblichen schwerverständlichen Abhandlungen pädagogischer Theoretiker war, sondern das leicht lesbare Jugendbuch eines klugen Praktikers. Im Stil einer Plauderei am Lagerfeuer, behaglich und spannend, erzählte Baden-Powell darin von seinen Abenteuern in Steppe und Dschungel, in Indien und Afrika. Er berichtete von Waldläuferkenntnissen, die ihn befähigt hatten, in der Wildnis zu überleben und gefährlichen Situationen zu entkommen. Seine Leser erfuhren von ihm, wie man Feuer ohne Streichhölzer macht, Entfernungen schätzt, Fährten von Tieren und Menschen deutet und verfolgt, wie man Knoten bindet, Behelfsbrücken baut, die Himmelsrichtungen ohne Kompaß ermittelt und Erste Hilfe leistet. Er regte die Jungen an, diese Waldläuferkenntnisse praktisch anzuwenden, bei Wettkämpfen oder Spielen, bei Wanderungen und Zeltlagern. Außerdem empfahl er seinen jungen Lesern, sich zu kleinen Gruppen zusammenzuschließen, ein Totemtier als Vorbild zu wählen wie die Indianer, ein Logbuch zu führen wie die Steuermänner der Schiffe, ein Versprechen abzulegen wie die Ritter beim Ritterschlag, ein eigenes Gesetz anzuerkennen, täglich eine gute Tat zu tun und immer hilfsbereit zu sein.

**Was hat das alles für einen Sinn?**

Ja, ich weiß – jetzt werden Kritiker des Pfadfindertums fragen: Ist das alles? Was hat es denn für einen erzieherischen Sinn, einen Jugendlichen zu lehren, wie er Feuer ohne Streichhölzer macht und wie er im Wald einer Fährte folgt? Das ist doch Indianerspielerei und keine wissenschaftliche Pädagogik! Und das Gerede von Hilfsbereitschaft, gut und schön, aber . . . Was sagt denn Baden-Powell über pädagogisches Psychogramm und psychologische Persönlichkeitsentwicklung, über den motivationsgesteuerten Zuwachs an Selbstbewußtsein und Verantwortungsgefühl?

Nun, Baden-Powell schrieb in der Tat nicht viel über psychologische Persönlichkeitsentwicklung, Motivationssteuerung und ähnliche Schlagworte – aber er gab Tips, wie die Jungen spielerisch, ohne es zu merken, diese Ziele erreichten. Die Hilfsbereitschaft beispielsweise, das hat er bald erkannt, ist nicht nur eine Wohltat für denjenigen, dem sie gilt – sie formt auch die Persönlichkeit desjenigen, der sie übt. Sie hat einen sehr praktischen pädagogischen Wert. Und was die Waldläufergeheimnisse anlangt, so haben sich bereits Universitätsprofessoren, Pädagogen und Psychologen damit beschäftigt, sie haben bedeutende Studien oder Doktorarbeiten darüber geschrieben und den tieferen Sinn in allen Einzelheiten herausgefunden: Wer beispielsweise als Jugendlicher ohne Kompaß wandert und ständig auf alle natürlichen Anzeichen der Orientierung achten muß, um sich nicht zu verirren, der wird sicherlich auch später, als Erwachsener, in seinem beruflichen und privaten Leben gewohnheitsmäßig die richtige Linie seines menschlichen Verhaltens kontrollieren und nicht auf Abwege geraten. Wer als Jugendlicher – so argumentieren die Psychologen weiter – bei den Pfadfindern Entfernungen messen gelernt hat, um beispielsweise zu wissen, ob er mit seinen Kräften das Ziel einer Wanderung in einem Tag schafft oder etappenweise marschieren muß – der wird auch später das Ziel einer beruflichen Aufgabe mit den eigenen Fähigkeiten in Einklang bringen. Das Entfernungsmessen also fördert –

psychologisch gesehen – die Selbstkritik, prägt das gesunde Selbstbewußtsein und verhindert gefährliche Selbstüberschätzung.

**Kraft für Körper, Geist und Seele**

Doch ehe ich nun selbst beginne, Baden-Powells Pfadfinderidee theoretisch zu zerpflücken, kehren wir lieber zurück zu »Scouting for Boys«. Lesen wir, wie einfach Baden-Powell sich ausdrückt, wenn er über das Leben in der Natur schreibt: »Das Lager ist ein sehr erfreulicher Teil im Leben eines Pfadfinders. In Gottes freier Natur leben, zwischen den Hügeln und Bäumen, den Vögeln und Tieren, den Meeren und Flüssen – das ist mit der Natur leben, sein eigenes kleines Zelt haben, selbst kochen und entdecken. Das alles gibt Gesundheit und Glück, wie man es niemals zwischen den Backsteinen und dem Rauch der Stadt findet.«

Ein anderes Zitat von Baden-Powell: »Auch eine Wanderung, bei der man weit herumkommt, jeden Tag neue Orte entdeckt, ist ein herrliches Abenteuer. Sie stärkt und härtet dich ab, so daß dir Wind und Regen, Hitze und Kälte nichts ausmachen. Du nimmst alles, wie's kommt, und fühlst dabei dieses Gefühl von Fitneß, das dich befähigt, jeder Schwierigkeit mit einem Lächeln ins Gesicht zu sehen, wohl wissend, daß du am Ende siegen wirst.«

An anderer Stelle schreibt er: »Die Pfadfinderei ist ein vortreffliches Spiel, wenn wir unsere ganze Kraft hineinlegen und es richtig und mit echter Begeisterung anpacken. Wenn wir es so spielen, so werden wir, genau wie bei anderen Spielen, merken, daß wir dabei Kraft gewinnen an Körper, Geist und Seele.«

Über die Pfadfindergesetze äußerte sich Baden-Powell: »Es hat nicht den geringsten Wert, die Pfadfindergesetze jemandem einzutrichtern oder als Befehle auszugeben. Jeder braucht seine eigene Auslegung der Gesetze und das Verlangen, sie zu befolgen.«

**Tips für Anführer**

Für den Patrouillenführer schrieb Baden-Powell unter anderem: »Wenn der Pfadfinder verstehen gelernt hat, was seine Ehre ist, kannst du als Patrouillenführer ihm voll vertrauen, daß er seine Sache gut macht. Übertrage ihm eine Aufgabe, ganz gleich, ob für kurze Zeit oder dauernd, und erwarte von ihm, daß er seine Sache nach bestem Wissen erledigt. Schnüffle nicht, um zu sehen, wie er sie macht. Laß sie ihn auf seine eigene Art durchführen, laß ihn, wenn nötig, dabei stöhnen, aber in jedem Fall laß ihn allein und vertraue ihm, daß er sein Bestes tun wird.«

Derlei Sätze, damals in »The Scout« veröffentlicht, wirkten wie Trompetenstöße in der verstaubten Pädagogik der Jahrhundertwende. Lehrer und Erzieher reagierten zum Teil verstört, zum Teil mit interessierter Aufmerksamkeit und Zustimmung. Die Jungen aber schlossen sich mit Begeisterung der Pfadfinderbewegung an.

Überall in England gründeten sie kleine Gruppen mit selbstgewählten Patrouillenführern, sie spielten und arbeiteten nach den Empfehlungen der monatlich erscheinenden Zeitschriftenserie von Baden-Powell, und sie überredeten Erwachsene, die Oberleitung von mehreren Patrouillen zu übernehmen. Von selbst ergab sich für diese Erwachsenen der Name »Scoutmaster«.

**Da staunte selbst Baden-Powell**

Im Jahre 1909 unternahm Baden-Powell eine Urlaubsreise nach Südamerika. In Chile wurde er zu seinem Erstaunen von Pfadfindern empfangen, deren Existenz selbst ihm unbekannt war, von Jungen in Khakihemden, mit Halstuch, breitrandigem Hut und Lilienemblem. Sie waren entsprechend seinen Empfehlungen organisiert und handelten danach. Auf seine verdutzten Fragen erklärten sie ihm, daß sie sich die Zeitschrift »The Scout« über den Ozean hatten schicken lassen. Baden-Powell nahm ihnen offiziell das Pfadfinderversprechen ab und erklärte ihre Gruppe zur ersten ausländischen Pfadfinderorganisation.

Der erste Pfadfinder-Auslandsbesuch fiel ebenfalls ins Jahr 1909, als zwei englische Patrouillen durch Deutschland wanderten und überall auf junge Menschen stießen, die von der Pfadfinderidee begeistert waren und eigene Patrouillen gründen wollten.

Damals erkannte Baden-Powell, daß er mit seiner Jugendbewegung voll ins Schwarze getroffen hatte und daß die Möglichkeit bestand, das Pfadfindertum über die ganze Welt zu verbreiten. Ihm schwebte eine große Bruderschaft vor, ähnlich der Bruderschaft verbündeter

Ritter des Mittelalters. Eine Bruderschaft für friedliche Zwecke jedoch, ohne Trennung durch Gesellschaftsklassen, Rasse, Nationalität oder Religionsgemeinschaft.

**Der Schutzpatron: St. Georg**

Die Ritterlichkeit war für Baden-Powell eine besonders wertvolle Charaktereigenschaft, und deshalb wurde er nicht müde, in persönlichen Gesprächen und in seinen Schriften die Ritter als Vorbild hinzustellen.
»Die alten Ritter«, so schrieb er unter anderem, »waren sehr religiös und immer darauf bedacht, am Gottesdienst teilzunehmen, besonders vor dem Kampf oder vor irgendeiner schwierigen Aufgabe. Sie verehrten Gott nicht nur in der Kirche, sondern auch in der Natur und in seinen Geschöpfen, in den Tieren und Pflanzen. – So soll es auch der Pfadfinder halten: Er soll die Wunder der Natur lieben und darin Gott erblicken. Den Gott seiner Religionsgemeinschaft.
Keiner taugt viel, der nicht an Gott glaubt. Jeder Pfadfinder soll daher einer Religionsgemeinschaft angehören.«
Ritterlichkeit und Treue zu Gott – diese beiden Tugenden fand Baden-Powell in einer legendären Gestalt vereint: im Ritter St. Georg, den er 1909 offiziell zum Schutzpatron der Pfadfinder erklärte, »weil er unter den Heiligen der einzige Ritter war.«

**Mädchen wollten mitmachen**

Im selben Jahr gab es noch eine ganze Reihe pfadfinderischer Aktivitäten:
Baden-Powell hielt zwei Lager und ein Pfadfindertreffen im Londoner Kristallpalast mit 11.000 Teilnehmern ab. Dort sah er unter den vielen Boy Scouts plötzlich eine Schar von Mädchen, die ebenfalls die Pfadfindertracht trugen. Sie kamen auf ihn zu und sagten: »Wir sind Girl Scouts, Mister Baden-Powell.«
Der General war begeistert, daß sich seiner ursprünglich nur für Jungen gedachten Organisation nun auch Mädchen anschließen wollten, und er ging sofort daran, Gruppen von Pfadfinderinnen zu gründen.
Die heute teilweise schon übliche »Koedukation«, also die Gemeinschaftserziehung von Jungen und Mädchen, war damals noch undenkbar. Deshalb entstand eine von den Boy-Scouts streng getrennte, eigene Organisa-

tion weiblicher Pfadfinder, die von Baden-Powell »Girl Guides« genannt wurde (guide = Führer im Sinne von ortskundigem Begleiter). Einige Mädchengruppen aber behielten den Namen »Girl Scouts« trotzdem bei. (Und deshalb hieß die später gegründete Pfadfinderinnen-Weltorganisation schließlich »World Association for Girl Guides and Girl Scouts«, kurz WAGGGS.)

Baden-Powell entschloß sich damals, sein Buch »Scouting for Boys« für die Interessen der Mädchen umzuschreiben. Allerdings konnte er sich als Mann nicht so recht auf die Pfadfinderinnen einstellen, und die Girl Guides hingen am Anfang ohne zentrale Führung etwas in der Luft.

**Baden-Powell heiratet**

Das änderte sich, als Baden-Powell im Jahre 1912 gelegentlich einer großen Weltreise auf dem Schiff die damals 22jährige Olave St. Clair kennenlernte und kurz darauf heiratete. Aus der Ehe gingen drei Kinder hervor.

Olave begeisterte sich für die Pfadfinderidee ihres Mannes und übernahm im Jahre 1916 die Führung der englischen Girl Guides.

Im selben Jahr kam Baden-Powell zu der Überzeugung, daß es sinnvoll sei, die Jugendlichen in zwei Altersgruppen zu teilen: in die »Wölflinge« (bis zum elften Lebensjahr) und die eigentlichen Pfadfinder, die mindestens zwölf Jahre alt sein sollten. Beide Gruppen sollten eine getrennte, ihrem Alter gemäße Ausbildung erhalten.

Seit 1919 gibt es auch eine dritte Altersgruppe: die »Rover« (vom 19. bis zum 21. Lebensjahr).

1919 bekamen die Pfadfinder von einem schottischen Landedelmann den Gilwellpark bei London als Ausbildungszentrum für Scoutmaster geschenkt.

**Die Woodbadge-Ausbildung**

Die ersten Pfadfinderführer, die dort einen Lehrgang erfolgreich abschlossen, erhielten eine sonderbare Auszeichnung: zwei Holzstückchen, die sie an einer Lederschnur um den Hals tragen durften. Sie stammten von einer aus vielen Holzstücken bestehenden Halskette, die der Zulu-Häuptling Dinzulu dem General seinerzeit in Afrika geschenkt hatte.

Die Originalhölzchen der Häuptlingskette waren natürlich schnell verbraucht, aber es bürgerte sich ein, daß Pfadfinderführer in jedem Land bis in unsere Tage nachgemachte Hölzchen bekommen, wenn sie einen international anerkannten Gruppenleiterlehrgang absolvierten. Diese Lehrgänge werden nach den Holzabzeichen auch Woodbadge-Ausbildung genannt (wood = Holz, badge = Abzeichen).

Im Jahre 1920 veranstaltete Baden-Powell das erste internationale Pfadfindertreffen (Jamboree) in London, wo in der Olympia Hall 8000 Pfadfinder aus 27 Ländern zusammenkamen. Bei dieser Gelegenheit wurde er zum ersten und einzigen »Chief Scout of the World« (oberster Weltpfadfinderführer) ausgerufen.

1922 entstanden das zwölfköpfige Weltkomitee, die Weltkonferenz und das internationale Büro. Zu diesem Zeitpunkt zählte die Pfadfinderbewegung über eine Million Mitglieder in 32 Ländern.

Die Pfadfinderinnen hatten inzwischen unter der Leitung von Olave Baden-Powell große Fortschritte gemacht. Sie erhielten in den Jahren 1922 und 1927 ständige internationale Ausbildungszentren in Foxlease und Waddow Hall, entsprechend dem Gilwellpark der Pfadfinder.

**Baden-Powell wird Lord**

Der Name des Parks, Gilwell, wurde 1929 auch Bestandteil des Namens von Baden-Powell, als ihn der König zum Lord adelte. Fortan hieß er: Lord Baden-Powell of Gilwell. Damals war er 72 Jahre alt.

Im Jahr darauf wurde Lady Olave Baden-Powell zur »Chief Guide of the World« ernannt, zur obersten Weltpfadfinderführerin (die sie bis zu ihrem Tode am 26. Juni 1977 blieb).

Von 1930 bis 1937 reiste Lord Baden-Powell mit seiner um 33 Jahre jüngeren Frau von einem Land zum anderen, um überall auf dem Erdball die Pfadfinder und Pfadfinderinnen zu besuchen.

Sein letzter großer Auftritt war beim Jamboree in Holland, 1937, wo er sich offiziell verabschiedete: »Es ist Zeit für mich«, sagte er, »daß ich euch good-bye sage. Ihr wißt, daß viele von uns sich auf dieser Welt nie wieder treffen werden. Ich bin in meinem einundachtzigsten Lebensjahr und nähere mich dem Lebensende. Die

meisten von euch aber sind am Beginn des Lebens . . .«
Danach zog er sich zurück in sein Haus, das er nahe der Wildnis gebaut hatte, unweit von Nyeri, einer kleinen Stadt im ostafrikanischen Kenia. Dort wurde er gelegentlich besucht von weißen Jägern, die seinen Rat schätzten, von Eingeborenenhäuptlingen, die ihn verehrten, und von Pfadfindern und Pfadfinderinnen, die aus der ganzen Welt kamen.

Als er fühlte, daß er bald sterben werde, setzte er sich auf die Veranda seines Hauses, wo ihm der Wind den Geruch der afrikanischen Steppe zuwehte, um seinen letzten Brief zu schreiben, seinen Abschiedsbrief an die Boy Scouts und Girl Guides dieser Welt:

**Der Abschiedsbrief des Pfadfinders**

»Liebe Pfadfinder!

In dem Theaterstück ›Peter Pan‹, das Ihr vielleicht kennt, ist der Piratenhäuptling stets dabei, seine Totenrede abzufassen, aus Furcht, er könne, wenn seine Todesstunde käme, dazu keine Zeit mehr finden. Mir geht es ganz ähnlich. Ich liege zwar noch nicht im Sterben, aber der Tag ist nicht mehr fern. Darum möchte ich noch ein Abschiedwort an Euch richten. Denkt daran, daß es meine letzte Botschaft an Euch ist, und beherzigt sie wohl.

Mein Leben war glücklich, und ich möchte nur wünschen, daß jeder von Euch ebenso glücklich lebt.

Ich glaube, Gott hat uns in diese Welt gestellt, um darin glücklich zu sein und uns des Lebens zu freuen. Das Glück ist nicht die Folge von Reichtum oder Erfolg im Beruf und noch weniger von Nachsicht gegen sich selbst. Ein wichtiger Schritt zum Glück besteht darin, daß Ihr Euch nützlich erweist und des Lebens froh werdet, wenn Ihr einmal Männer sein werdet.

Das Studium der Natur wird Euch all die Schönheiten und Wunder zeigen, mit denen Gott die Welt ausgestattet hat, Euch zur Freude. Seid zufrieden mit dem, was Euch gegeben ist, und macht davon den bestmöglichen Gebrauch. Trachtet danach, jeder Sache eine gute Seite abzugewinnen.

Das eigentliche Glück aber findet Ihr darin, daß Ihr andere glücklich macht. Versucht, die Welt ein bißchen besser zurückzulassen, als Ihr sie vorgefunden habt.

Wenn dann Euer Leben zu Ende geht, mögt Ihr ruhig sterben im Bewußtsein, Eure Zeit nicht vergeudet, sondern immer Euer Bestes getan zu haben.
Seid in diesem Sinn ›allzeit bereit‹, um glücklich zu leben und glücklich zu sterben. – Haltet Euch immer an das Pfadfinderversprechen, auch dann, wenn Ihr keine Knaben mehr seid.
Euer Freund
Baden-Powell of Gilwell«
Kurze Zeit später, am 8. Januar 1941, schloß er für immer seine Augen.
Jungen und Mädchen standen in ihrer Pfadfindertracht auf dem Friedhof von Nyeri, sechs Scoutmaster trugen den Sarg. Britische Offiziere salutierten.
Dem letzten Wunsch des Verstorbenen entsprechend, wurden keine großen Reden gehalten, nur ein Trompeter blies den Pfadfinderpfiff.
Auf Baden-Powells Grabstein befindet sich ein Kreis mit einem Punkt darin. Es ist eines der internationalen, nur Pfadfindern bekannten Wegzeichen, mit denen sich die Mitglieder der Bruderschaft über alle Sprachbarrieren hinweg verschlüsselte Nachrichten geben können.
Diese Nachricht Baden-Powells heißt: »Ich habe meinen Auftrag erfüllt und bin nach Hause gegangen.«

# Das heutige Weltpfadfindertum

**Die Weltorganisation**

Der Auftrag, das Pfadfindertum im Sinne von Baden-Powell weiterzuführen und den modernen Gegebenheiten anzupassen, liegt heute bei den internationalen Dachverbänden. Sie sind für Jungen und Mädchen getrennt.

Die für Jungen zuständige Weltorganisation heißt »The World Organization of the Scout Movement« (WOSM). Die Zentrale in Genf, das Pfadfinder-Weltbüro, ist das Sekretariat der Pfadfinder-Weltkonferenz und des Pfadfinderkomitees.

Das Weltkomitee besteht aus zwölf Mitgliedern verschiedener Länder und wird von der alle zwei Jahre stattfindenden Weltkonferenz als deren Vertretung gewählt.

Die Weltkonferenz ist die Generalversammlung des Pfadfindertums und setzt sich aus den Delegierten von 108 nationalen Mitgliederverbänden zusammen. In jedem Land wird nur eine Pfadfinderorganisation anerkannt, die über sechs Stimmen verfügt. Mehrere Pfadfinderverbände eines Landes werden zu Ringen zusammengefaßt.

Die für Pfadfinderinnen zuständige Weltorganisation (»World Association of Girl Guides und Girl Scouts«, WAGGGS) hat ihren Sitz in London und ist nach ganz ähnlichem System aufgebaut.

**Die Probleme**

Die verantwortlichen Männer und Frauen der internationalen Dachverbände haben es nicht einfach, die Interessen der Pfadfinder in fünf Erdteilen und 108 Ländern unter einen Hut zu bringen. Wie groß die Problematik ist, wird deutlich, wenn man den sogenannten Nagy-Report liest. Der Nagy-Report ist eine von der Ford-Stiftung 1966 in Auftrag gegebene und von Dr. Laszlo Nagy ausgearbeitete Studie über das Weltpfadfindertum. Dr. Nagy – heute Generalsekretär der Pfadfinder-Weltorganisation – beurteilt den Begriff des Weltpfadfindertums zunächst sehr skeptisch: »Wohl findet man das Pfadfindertum in 108 Ländern, aber die in Schweden praktizierte Pfadfinderei ist durchaus nicht ganz die gleiche wie im Kongo. Tätigkeiten, die den unfreiwilligen Arbeitslosen von Algerien möglich gemacht werden, sind notwendigerweise verschieden von dem, was man den jungen Pariser Bürgern vorschlägt. Die Truppen bei den Chulupisindianern von Paraguay gehen nicht denselben Beschäftigungen nach wie die Gruppen, die aus den ›sophisticated boys‹ von São Paulo bestehen; die Bedürfnisse der jungen Mailänder im Hinblick auf die Erziehung sind nicht identisch mit denen der Jungen des Mezzogiorno (Süditalien); in den aristokratischen Stadtvierteln von Boston begeistert sich die Jugend nicht für dasselbe Spiel oder Abenteuer wie die Puertoricaner der New Yorker Slums. Und so weiter.«

Trotz dieser Verschiedenheiten bringt Dr. Nagy das internationale Pfadfindertum auf einen gemeinsamen Nenner. »Und doch«, so schreibt er, »ist all das Pfadfindertum, das überall im Namen derselben Prinzipien, mit Hilfe derselben Methoden und im Hinblick auf dasselbe Ziel praktiziert wird: den Charakter der Jungen bilden, damit sie gute Bürger werden.«

**»Am Puls der Zeit bleiben«**

»Pfadfindertum heute«, so schreibt Dr. Nagy weiter, »das ist eine lebendige Kraft im Dienste der Nation, vom afrikanischen Busch bis zum Dschungel der großen Städte Amerikas oder Europas. Pfadfindertum heute: das ist eine Jugendbewegung, die jeden Augenblick weiß, was sie tun kann, die weiß, wohin sie geht, und sogar den Weg kennt, den sie dabei einschlagen muß. Denn das Pfadfindertum, obgleich es eine Organisation der außerschulischen Erziehung geworden ist, ist auch eine Weltorganisation, die in einer Zeit der Planung und des Managements auf dem modernsten Stand ist . . . Diese Bewegung muß allerdings am Puls der Zeit bleiben, sich immer wieder erneuern, sich auftanken lassen mit den Realitäten der modernen Welt, ohne jedoch die Grundlinie jugendlichen Strebens zu verraten.«

**Die aktuellen Beschlüsse**

Damit die Pfadfinderbewegung ständig am Puls der Zeit bleibt und Fortschritte macht, beobachten die Mitglieder der internationalen Organisationen aufmerksam Stil und Trends aktueller Entwicklungen. Ihre Aufgabe

ist es, die Pfadfinderbewegung im Strom der Zeit zu steuern wie Lotsen ein Schiff in unberechenbaren Gewässern.
Gelegentlich halten sie es für nötig, kräftige Impulse zu geben. Dies geschah zuletzt im Juli 1977, einem historischen Datum der Pfadfindergeschichte, als die Delegierten der 26. Weltkonferenz in Montreal, Kanada, die Prinzipien der Pfadfinderbewegung neu formulierten. Die folgenden Kernsätze aus diesen Beschlüssen gelten als offizielle und international gültige Gesetze des Pfadfindertums unserer Zeit und gehören deshalb in dieses Buch.
»Dic Pfadfinderbewegung«, so heißt es wörtlich, »ist eine freiwillige, nicht politische Erziehungsbewegung für junge Leute, die offen ist für alle ohne Unterschied von Herkunft, Rasse oder Glaubensbekenntnis, übereinstimmend mit Zweck, Grundsätzen und Methoden, die vom Gründer der Bewegung entwickelt wurden.«

**Der Zweck**

»Zweck der Pfadfinderbewegung«, so heißt es weiter, »ist es, zur Entwicklung junger Menschen beizutragen, damit sie ihre vollen körperlichen, intellektuellen, sozialen und geistigen Fähigkeiten als Persönlichkeiten, als verantwortungsbewußte Bürger und als Mitglieder ihrer örtlichen, nationalen und internationalen Gemeinschaften einsetzen können.«

**Die drei Grundsätze**

Die von Baden-Powell aufgestellten Grundsätze der Pfadfinderbewegung wurden von der Weltkonferenz 1977 folgendermaßen neu gefaßt und aufgegliedert:
Erster Grundsatz: Verpflichtung gegenüber Gott. Das bedeutet: Festhalten an den geistigen Grundsätzen Deines Glaubensbekenntnisses und Treue zu Deiner Religion mit allen daraus erwachsenden Verpflichtungen.
(Dazu eine erklärende Bemerkung: Dieser Grundsatz steht nicht im Widerspruch zu dem interkonfessionellen Charakter der Pfadfinderbewegung. Obgleich du deinem Glauben gegenüber gebunden bist, hast du die Pflicht, alle Pfadfinder anderer Konfessionen als Brüder zu behandeln. Deshalb können auch die Kinder orientalischer Gastarbeiter zum Beispiel Mitglieder deines Pfadfinderverbandes sein – auch der katholischen »Deutschen Pfadfinderschaft St. Georg« oder des evan-

gelischen »Verbandes Christlicher Pfadfinderinnen und Pfadfinder«.)

Zweiter Grundsatz: Verpflichtung gegenüber anderen. Das bedeutet Treue gegenüber dem eigenen Land, Streben nach nationalem und internationalem Frieden und Verständigung der Völker, Mitarbeit bei der Weiterentwicklung der Gesellschaft mit Achtung und Ehrfurcht vor der Würde des Nächsten und vor der Unverletzlichkeit der Natur dieser Welt.

Dritter Grundsatz: Verpflichtung gegenüber sich selbst. Das bedeutet Verantwortung für die positive Entwicklung Deiner eigenen Persönlichkeit.

**Die Methode**

Die von Baden-Powell ersonnene »Pfadfindermethode« zur Erziehung junger Menschen ist laut Formulierung der Weltkonferenz ein »System fortschreitender Selbsterziehung« mit folgenden vier Punkten:

1. Du legst das Versprechen ab, nach dem Pfadfinderwahlspruch und den Pfadfindergesetzen zu leben.
2. Du »lernst durch Tun«.
   (Der von Baden-Powell erstmals geprägte Begriff, der im Englischen »learning by doing« heißt, ist ein allgemeiner pädagogischer Fachausdruck geworden. »Learning by doing« wird heute auch mit »Lernen durch Erfahrung« übersetzt. Ich erinnere mich in diesem Zusammenhang an die zwar nicht ganz zutreffende, aber originelle Übersetzung eines Salzburger Pfadfinders: »Mit den Händen denken«.)
3. Du bist Mitglied einer kleinen Gruppe, in der Du folgendes lernen sollst: Selbständigkeit, Charakterfestigkeit, Verantwortungsbewußtsein, Selbstvertrauen und Zuverlässigkeit, außerdem die Bereitschaft zur Zusammenarbeit und Führung.
4. Die Pfadfindermethode bietet Dir ein fortschrittliches und interessantes Programm verschiedenartiger Tätigkeiten: Spiele, sportliche Wettkämpfe, sinnvolle Handfertigkeiten, Dienste im Gemeinwesen. Und so weiter. Dieses Programm soll in engem Kontakt mit der Natur und der Umwelt abgewickelt werden.

Soweit die Beschlüsse der Weltkonferenz. Bewußt sind sie noch relativ allgemein formuliert. Die Weltkonfe-

renz möchte dem Pfadfindertum auf dem ganzen Erdball nur in großen Zügen die Richtung weisen und überläßt es jedem nationalen Verband, wie er die Pfadfindermethode im einzelnen praktiziert und mit den besonderen Lebensumständen in seinem Land abstimmt. Bei diesem Alleingang darf allerdings kein Verband den Rahmen verlassen, der von Baden-Powells richtungweisenden Ideen abgegrenzt ist. Diese Ideen sind Tradition geworden. Jung gebliebene Traditionen.
Diese Traditionen wurden inzwischen auch außerhalb des Kreises aktiver Pfadfinder bekannt und gaben dort zu Zweifeln und Mißverständnissen Anlaß. Versprechen und Gesetze, Wahlspruch und gute Tat, Logbuch und Totemtier, Jamboree und Liliensymbol sind Schlagwörter, die auf Außenstehende geheimnisvoll, mitunter sogar irreführend wirken – solange sie darüber oberflächlich oder falsch informiert sind. Deshalb wird es Zeit, darüber offen zu reden. Außerdem berühren diese Traditionen jeden Pfadfinder persönlich. Ich will deshalb in allen Einzelheiten schildern, wie es heute damit im deutschsprachigen Raum aussieht.

# Traditionen, die jung geblieben sind

**Die Pfadfindergesetze**

Das Pfadfinderversprechen und die Pfadfindergesetze dürfen mit Genehmigung der Weltkonferenz den Grundideen Baden-Powells entsprechend von Land zu Land der jeweiligen Kultur und Sitte angepaßt werden. Wortlaut und Zeremoniell des zu Beginn dieses Buches beschriebenen Pfadfinderversprechens (siehe Seite 20) sind also nicht völlig einheitlich, sondern unterscheiden sich mit kleinen Abweichungen von Verband zu Verband. Dasselbe gilt für die Pfadfindergesetze, die von Fall zu Fall etwas anders formuliert sind als die wortgetreue Übersetzung des Originaltextes und teilweise auch »Leitlinien« oder »Grundlinien« genannt werden. Doch handelt es sich hier im deutschsprachigen Gebiet nur um geringfügige Änderungen, formelle Äußerlichkeiten, die das grundsätzliche Verständnis für die Pfadfinderei, ihre ursprüngliche Idee nicht berühren. Nur in einigen wenigen Punkten haben sich bemerkenswerte Entwicklungen ergeben, auf die ich ausdrücklich hinweisen werde.

Wenn ich nun die Pfadfindergesetze zitiere, möchte ich keinen deutschsprachigen Verband bevorzugen oder benachteiligen. Deshalb wähle ich für dieses Buch einen gewissermaßen neutralen Wortlaut aus – den Text nämlich, den ich als junger Pfadfinder gelernt und in Erinnerung behalten habe. Er ist ja, wie gesagt, inhaltlich mit allen anderen Formulierungen gleich:

1. Auf die Ehre des Pfadfinders kann man bauen.
2. Der Pfadfinder ist treu.
3. Der Pfadfinder ist hilfsbereit.
4. Der Pfadfinder ist Freund aller Menschen und Bruder aller Pfadfinder.
5. Der Pfadfinder ist höflich und ritterlich.
6. Der Pfadfinder schützt Pflanzen und Tiere.
7. Der Pfadfinder ist gehorsam. (Der Gehorsamsbegriff wird heute in der Leiterausbildung und in der Gruppenpraxis so ausgelegt, daß er Kritikfähigkeit und Verantwortungsbewußtsein beinhaltet.)
8. Der Pfadfinder überwindet Schwierigkeiten mit

Leichtigkeit. (Die Originalübersetzung von Baden-Powells Urfassung des achten Gesetzes finde ich sehr originell: »Der Pfadfinder lacht und pfeift in allen Schwierigkeiten.« Da diese Formulierung mißverstanden werden könnte, ist sie im deutschsprachigen Gebiet nicht übernommen worden.)

9. Der Pfadfinder ist fleißig und sparsam.
10. Der Pfadfinder ist rein in Gedanken, Worten und Werken.

**Der Wahlspruch**

Baden-Powell hat für alle Pfadfinder einen Wahlspruch formuliert. Er heißt: »Allzeit bereit«. Das bedeutet: Sorge als Pfadfinder dafür, jederzeit geistig und körperlich gesund und bereit zu sein, im Rahmen deiner Möglichkeiten die Pflicht zu tun und nach den Pfadfindergesetzen zu handeln.

**Die gute Tat**

Als Pfadfinder sollst du jeden Tag daran denken, eine gute Tat zu tun. Baden-Powell wollte mit der Verpflichtung zur »täglichen guten Tat« deinen Blick für die Armut und Hilfsbedürftigkeit des einzelnen Menschen schärfen – und dich damit hellhörig machen für Not und Elend unserer Zeit. Die »gute Tat« beschränkt sich daher nicht auf eine einmalige Aktion am Tag, sondern soll dazu führen, daß dir die Hilfsbereitschaft zur selbstverständlichen Gewohnheit wird.

Was Pfadfinder bei Hilfsaktionen schon alles geleistet haben, ist allgemein wenig bekannt. In einer Aussendung des Weltbüros zum Thema »gute Tat« heißt es: »Sie graben Brunnen, um die Bewohner ländlicher Gegenden mit Trinkwasser zu versorgen, errichten Schulen, weisen Bauern in neue Methoden der Landwirtschaft und Viehzucht ein, bauen Staudämme, um den Wasserlauf eines Flusses zu regulieren und verheerende Überschwemmungen zu verhüten.«

Es ist durchaus möglich, daß dich dein Verband schnell einmal im Ausland einsetzt, während deiner Ferien, mit dem Flugzeug, wenn es gilt, hungernden Menschen in Entwicklungsländern oder den Opfern von Erdbebenkatastrophen an Ort und Stelle zu helfen.

**Der Kampf**

Für Dr. Laszlo Nagy, Generalsekretär des Pfadfinder-Weltbüros, ist die Hilfsbereitschaft »ein Pfadfindertum des Kampfes, aber des konstruktiven Kampfes: des

Kampfes gegen Elend, Hunger, Analphabetentum, gegen Drogen, gegen die Zerstörung der Umwelt, gegen die technologischen Lücken und den Rassismus in den Ländern der sogenannten dritten Welt und den Rassismus in den sogenannten entwickelten Gegenden«.

Die Weltbruderschaft der Pfadfinder zeigt sich in partnerschaftlicher Hilfe: Verbände aus Industrienationen geben zum Beispiel Gelder und Informationen, die von Mitgliedern erarbeitet wurden. Verbände aus Ländern der dritten Welt zeigen uns neue Möglichkeiten, als Menschen untereinander zu leben, und weisen uns auf unsere Begrenzungen hin.

Zur Hilfsbereitschaft gehört es auch, geistig oder körperlich behinderten Menschen die Eingliederung in unsere Gesellschaft zu erleichtern. Viele Pfadfindergruppen haben behinderte Jugendliche als Mitglieder. Sie werden teils zu Behindertenabteilungen zusammengefaßt, teils auch ohne viel Aufsehen in das übliche Gruppensystem eingefügt.

**Das System der kleinen Gruppen**

Alle Pfadfinder- und Pfadfinderinnenverbände teilten ihre Mitglieder entsprechend der ursprünglichen Empfehlung von Baden-Powell in drei – oder auch in vier – Altersgruppen auf, und zwar in die

- Wölflinge (bis 11 Jahre);
- Pfadfinder (12–18 Jahre). Hier erfolgt zum Teil die Aufgliederung in zwei Altersgruppen;
- Rover (19–21 Jahre). Das Wort Rover kommt aus dem Englischen und bedeutet Kundschafter.

Diese Altersgruppen werden im deutschsprachigen Gebiet mitunter anders benannt. Auch verschieben sich zum Teil die Altersgruppen unwesentlich.

Gemeinsame und unantastbare Verpflichtung aller Pfadfinderverbände und Pfadfinderinnenverbände dieser Welt ist es, ihre Mitglieder – gleich welchem Alter sie angehören – in Kleinstgruppen von sechs bis acht Mitgliedern aufzuteilen, so, wie es Baden-Powell bei der Ausbildung seiner Scouts in Indien und später mit den Jungen auf Brownsea Island erfolgreich ausprobiert hat. Die Kleinstgruppe ist gewissermaßen die erzieherische Keimzelle des Pfadfindersystems überhaupt. In der kleinen Gemeinschaft kannst du dich am besten bewähren. Jeder kennt die Schwächen und Stärken des anderen ganz genau. Jeder trägt die Verantwortung dafür, daß die Gruppe eine gute Gruppe ist. Und die Gemeinschaft der Gruppe trägt die Verantwortung, daß jedes Mitglied ein gutes Mitglied ist. In der kleinen Gruppe wird bei jedem die Kritikfähigkeit entwickelt: selbständig zu denken und zu handeln.

Diese Kleinstgruppen heißen im deutschsprachigen Gebiet »Patrouillen«, »Sippen« oder – wie in der Schweiz – »Fähnlein«. (Ich verwende in diesem Buch immer die von Baden-Powell geprägte Bezeichnung »Patrouille«.)

**Das Totemtier**

Jede Patrouille wählt sich ein Totemtier, das auf einem Wimpel abgebildet wird.

Der Begriff »Totem« kommt aus der Völkerkunde. Bei sämtlichen Naturvölkern dieser Erde, bei den Indianern zum Beispiel und bei den Eskimos, bei den Buschmännern und Feuerländern, ist das Totem ein Tier, ein Baum oder eine Pflanze – in jedem Fall aber ein Wesen aus der Natur, von dem sich die Eingeborenen magische, zauberische Einflüsse auf einzelne Personen oder eine Menschengruppe – auf eine Familie oder einen Kriegertrupp – erwarten und das wie ein Dämon oder eine Schutzgottheit verehrt wird.

Nun glauben Pfadfinder natürlich weder an Dämonen, noch haben sie etwas mit dem Kriege zu tun. Das Totemtier einer Pfadfinderpatrouille hat andere Zwecke: Erstens soll es durch seine besonderen Eigenschaften – durch Mut, Schnelligkeit und Ausdauer etwa – Vorbild sein, und zweitens soll es deinen Forscherdrang wecken und deine Beobachtungsgabe schärfen. Denn Baden-Powell wollte, daß du dein Totemtier in der Natur draußen, in Wald und Feld beobachtest oder seine Spuren verfolgst, bis du alle seine Gewohnheiten ausgeforscht hast. Deshalb soll dein Totemtier kein exotisches Lebewesen sein – ein Panther oder ein Bär etwa –, sondern in deiner Heimat vorkommen.

Im Laufe der Zeit hat jedoch Baden-Powells ursprüngliche Idee des Totemtieres eine bemerkenswerte Entwicklung erfahren. Gelegentlich wählen heutzutage junge Pfadfinder nicht mehr Tiere, sondern Menschen als Patrouillenvorbilder: den aufopferungsvollen Urwaldarzt Dr. Albert Schweitzer etwa oder den Forscher Henry Morton Stanley, der sich nicht entmutigen ließ, in Afrika den verschollenen David Livingstone zu suchen und zu finden. Vereinzelt haben Pfadfinder auch kuriose Totem-»Tiere« ausgesucht: Donald Duck zum Beispiel oder Asterix. Vorbildlich scheinen ihnen wohl die Fröhlichkeit und der Witz dieser modernen Fabelwesen zu sein.

**Das Logbuch**

Was immer eine Kleinstgruppe unternimmt, bei ihren wöchentlichen Zusammenkünften, während der Wanderschaft oder im Lager, soll in einem Logbuch aufgezeichnet werden. Der Name »Logbuch« kommt aus der Seefahrt. Das Log ist ein Gerät zum Messen der Fahrtgeschwindigkeit von Schiffen, das Logbuch ein gesetzlich vorgeschriebenes Schiffstagebuch. Kurs, Fahrtgeschwindigkeit, Wetter oder besondere Vorkommnisse müssen darin eingetragen werden. Ins Logbuch der Pfadfinder werden lustige und ernste Begebenheiten geschrieben. Es gibt Auskunft über den »Kurs«, den die Patrouille bei ihrer Entwicklung steuert.

**Keine Vorgesetzten, sondern »Typen«**

Der Patrouillenführer ist der »Älteste« der Gruppe, für die er verantwortlich ist. »Die Pfadfinderei will den Jungen keinen Leiter oder Lehrmeister als hierarchischen Vorgesetzten vor die Nase stellen, sondern ›Typen‹, deren Eigenschaften ihre Bewunderung hervorrufen«, schrieb Pierre Bovet in seinem Buch »Baden-Powells geniale Idee«. Pierre Bovet war Professor für Philosophie und Psychologie an den Universitäten Genf und Neuenburg, langjähriger Direktor des »Institut des Sciences de l'Éducation« (Institut Rousseau) und Mitbegründer der schweizerischen Pfadfinderbewegung.

»Ein unschätzbares Mittel für die Charakterbildung«, so Baden-Powell, »besteht darin, dem einzelnen Verantwortlichkeit zu übertragen. Dies geschieht, indem man dem Patrouillenführer die verantwortliche Leitung seiner Patrouille anvertraut. Es ist seine Sache, die Fähigkeiten eines jeden Jungen in seiner Patrouille kennenzulernen und zu fördern. Das scheint eine gewaltige Aufgabe zu sein, aber die praktische Erfahrung zeigt, daß es geht. Wenn der richtige Wetteifer zwischen den Patrouillen herrscht, entsteht in ihnen ein Korpsgeist.«

Die Aufgabe, einen von seiner Patrouille akzeptierten Anführer mit Rat und Tat zu leiten – und ihn im Einvernehmen mit der Patrouille auch abzuberufen oder durch einen Besseren zu ersetzen, wenn er sich nicht bewährt –, liegt in den Händen eines Pfadfinderführers, der einen Trupp von vier bis fünf Patrouillen leitet. Er heißt im deutschsprachigen Raum »Feldmeister« oder »Truppleiter« (englisch: »Scoutmaster«) und ist in jedem Fall ein Erwachsener.

Alle Trupps sind wieder in größere regionale Bereiche zusammengefaßt, die schließlich unter der zentralen Oberleitung des Pfadfinderverbandes in deinem Heimatland stehen.

**Die Organisation im deutschsprachigen Raum**

Im deutschsprachigen Gebiet sind bei WOSM und WAGGGS folgende Pfadfinderverbände anerkannt:

- In der Bundesrepublik Deutschland:
  der »Ring Deutscher Pfadfinderverbände«, dem angehören:
  Bund der Pfadfinderinnen und Pfadfinder e.V. (BdP), Deutsche Pfadfinderschaft St. Georg (DPSG), Verband Christlicher Pfadfinderinnen und Pfadfinder (VCP);
  der »Ring Deutscher Pfadfinderinnenverbände«, dem angehören:
  Bund der Pfadfinderinnen und Pfadfinder e.V. (BdP), Pfadfinderinnenschaft St. Georg (PSG), Verband Christlicher Pfadfinderinnen und Pfadfinder (VCP).
- In der Schweiz:
  der Schweizerische Pfadfinderbund (SPB), der Bund Schweizerischer Pfadfinderinnen (BSP).
- In Österreich:
  Pfadfinder und Pfadfinderinnen Österreichs (PPÖ).
- In Liechtenstein:
  Fürstlich Liechtensteinisches Pfadfinder-Korps St. Georg, Pfadfinderinnen des Fürstentums Liechtenstein.

**»Kreuzzüge« im Ausland**

Diese Pfadfinderverbände der einzelnen Länder sind bestrebt, internationale Kontakte zu schaffen und den Austausch ihrer Mitglieder zu organisieren. Auslandsreisen sind ganz im Sinne von Baden-Powell, der sie sogar als »Kreuzzüge für den Frieden« bezeichnet hat. »Pfadfinder«, so schreibt er einmal, »sind während ihrer Reisen ins Ausland Botschafter des guten Willens, schließen Freundschaften und reißen alle Schranken der Rasse, der Religion und der Klasse nieder. Diese Reisen sind sicher bedeutungsvolle Kreuzzüge für den Frieden. Ich rate euch: tut bei diesem Werk euer Bestes.«

Heute sind diese Auslandsreisen der Pfadfinder sinnvoll organisiert. Es gibt eine Auslandsversicherung aller Teilnehmer, Auslandsämter bei den einzelnen Verbänden, Spielregeln für die internationale Zusammenarbeit und einen einheitlichen Empfehlungsbrief des Pfadfinder-Weltverbandes, der von allen Pfadfinderverbänden benützt wird, auf den jeweiligen Leiter der Reisegruppe ausgestellt ist, bei ausländischen Pfadfinderorganisationen als Vertrauensbeweis gilt und den Mißbrauch des Pfadfindernamens verhindert.

Auslandsreisen sollten nicht den Charakter von beiläufigen Vergnügungsunternehmen tragen, sondern nach den Erziehungsgrundsätzen der Pfadfinderei geplant werden, persönliche Kontakte schaffen oder Verständnis für politische, wirtschaftliche, soziale und kulturelle Strukturen der bereisten Länder wecken.

**Die Jamborees**

Am augenfälligsten wird der internationale Charakter des Pfadfindertums bei den sogenannten »Jamborees«. Der Name »Jamboree« kommt aus einem Dialekt nordamerikanischer Indianer und bedeutet: »Friedliche Zusammenkunft der Stämme«. Lord Baden-Powell hat diesen Ausdruck für die großen Weltpfadfindertreffen übernommen.

Die Jamborees wurden – von wenigen Ausnahmen abgesehen – regelmäßig veranstaltet, und zwar:

1920 in London (England)
1924 in Ermelungen bei Kopenhagen (Dänemark)
1929 in Birkenhead (England)
1933 in Gödöllö bei Budapest (Ungarn)
1937 in Vogelenzang (Holland)
1947 in Moisson bei Paris (Frankreich)
1951 in Bad Ischl (Österreich)
1955 in Niagara on the Lake bei Ontario (Kanada)

1957 in Sutton-Park-Coldfield (England)
1959 in Makeling National Park bei Manila (Philippinen)
1963 in Marathon bei Athen (Griechenland)
1967 in Farragut State Park, Idaho (USA)
1971 in Asagiri Heights (Japan)
1975 in Lillehammer (Norwegen)

Das 1979 in Neishaboor (Persien) geplante Jamboree wurde abgesagt.

**Sie verstehen sich ohne Worte**

Auf den Jamboree-Lagerplätzen treffen sich wie nirgendwo sonst auf kleinstem Raum Jungen und Mädchen jeder Hautfarbe und Herkunft, jeder politischen Einstellung und Religion. Mitunter reisten sie um den halben Erdball, bis sie ihr Ziel erreichten. Dort, auf dem Lagerplatz, wohnen sie dann in Zelten und selbstgemachten Blockhäusern; sie schließen internationale Freundschaften, diskutieren, feiern gemeinsame Feste und singen an den Lagerfeuern in verschiedenen Sprachen Pfadfinderlieder zur selben Melodie.

Wer in der Schule Sprachen gelernt hat, kann als Dolmetscher bei Diskussionen zwischen internationalen Gruppen aushelfen, und darüber hinaus gibt es auch wohldurchdachte Möglichkeiten, sich ohne viel Worte zu verstehen, durch Zeichensprache und durch Zeichensymbole etwa, wie die hier abgebildeten, allgemein verständlichen Wandtafeln, die auf Veranstaltungen und Örtlichkeiten hinweisen.

**»Tschänschen« bei Jamborees**

Ein Wort wird aber jeder Pfadfinder bei einem Jamboree verstehen. Es wird so ausgesprochen: »Tschänschen«.

Es kommt aus dem Englischen – »to change« – oder aus dem Französischen – »changer« – und bedeutet in beiden Sprachen »wechseln, austauschen«. Gemeint ist damit der Tausch von pfadfinderischen Gebrauchsgegenständen und Emblemen, die von Land zu Land verschieden sind. Die deutschen Pfadfinder beispielsweise haben eine andere Form des Gürtelschlosses als die Engländer, die Franzosen einen anderen Halstuchknoten als die Belgier. Derlei Gegenstände werden nun bei Jamborees oder anderen internationalen Pfadfindertreffen »getschänscht«.

**Die internationale Tracht**

Die Tracht – oder Uniform oder Kluft, wie immer man sie bezeichnen mag – unterscheidet sich zwar von Land zu Land durch verschieden gestaltete Eigenheiten, hat sich aber seit den Gründerjahren im wesentlichen so einheitlich erhalten, daß du auf der ganzen Welt als Pfadfinder erkennbar bist. Sie stammt – wie du dich aus dem Kapitel über Baden-Powell erinnern wirst – von der berittenen Schutztruppe Südafrikas und ist ganz auf Zweckmäßigkeit abgestimmt. Der Pfadfinderhut allerdings wird immer mehr von Baretts oder anderen Kopfbedeckungen verdrängt.

Zur Tracht gehört die Pfadfinderlilie: sie ist auf dem Gürtelschloß geprägt, wird als Stoffabzeichen aufs Hemd genäht und als Metallemblem auf dem Hut oder dem Barett getragen.

Für Zivil gibt es kleine Lilien aus Metall, die man ans Revers der Anzugjacke oder ins Knopfloch stecken kann. Altpfadfinder erkennen einander daran als Mitglieder der großen Bruderschaft. Meist duzen sie sich dann sogleich, auch wenn sie einander erst als Erwachsene kennenlernen.

**Die Lilie**

Die Lilie wurde von Baden-Powell als Pfadfindersymbol und -abzeichen gewählt, weil sie als Sinnbild der Reinheit gilt und die Form der früher gebräuchlichen Kompaßnadeln hat. Denn Kompaßnadeln zeigen unbeirrbar in eine Richtung – »in die richtige Richtung und nach oben«, wie Baden-Powell sagte. Außerdem sollen die drei Spitzen der Lilie an die drei Punkte des Versprechens erinnern.

In der ursprünglich von Baden-Powell empfohlenen Form des Pfadfinderabzeichens symbolisierte unter der Lilie das Schriftband »Allzeit bereit« mit nach oben geschwungenen Enden den lachenden Mund eines Pfadfinders. Eine geknotete Schnur, die von dem Schriftband herabhing, sollte an die Pflicht zur täglichen guten Tat erinnern.

Diese ursprüngliche Form des Padfinderabzeichens wurde inzwischen von den einzelnen Verbänden in aller Welt graphisch abgewandelt und verschieden gestaltet, in jedem Falle aber so, daß die Lilienform noch erkennbar ist.

**Das Kleeblatt**

Die Pfadfinderinnen haben als Symbol und Abzeichen ein dreiblättriges Kleeblatt gewählt, das entfernt an die Lilie erinnert. Das Kleeblatt ist ein uraltes heraldisches Zeichen (Wappensymbol) mit der Bedeutung: Nächstenliebe. Die Abbildung am Rand zeigt das Kleeblattabzeichen des Pfadfinderinnen-Weltbüros. Das Kleeblatt ist goldfarben, der Untergrund blau.

**Der Pfadfindergruß**

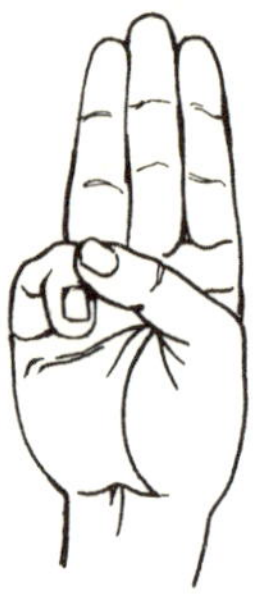

Auf der ganzen Welt ist der Pfadfindergruß einheitlich. Die rechte Hand wird mit der Handfläche nach vorne bis in die Schulterhöhe gehoben. Der Daumen legt sich dabei auf den gebeugten kleinen Finger – als symbolische Geste dafür, daß der Starke den Schwachen schützt. Die drei gestreckten Finger erinnern an die drei Punkte des Pfadfinderversprechens. Pfadfinder auf der ganzen Welt reichen einander zum Gruß grundsätzlich die linke Hand. In fast allen europäischen und einigen außereuropäischen Ländern spreizen sie dabei den kleinen Finger ab, wodurch ein zusätzlich verschränkter Händedruck entsteht.

**Die Wegzeichen**

Die Wegzeichen – von Baden-Powell teils selbst erdacht, teils von Waldläufern übernommen – sind im allgemeinen nur Pfadfindern bekannt. Geheimzeichen, wie manchmal behauptet wird, sind sie allerdings nicht. Sie dienen für Waldläuferspiele und außerdem dazu, befreundeten Pfadfindern, mit denen man sich nicht vorher über das Ziel einer Wanderung absprechen konnte, durch gewisse Hinweise auf dem Boden die Marschrichtung anzuzeigen oder verschlüsselte Botschaften zu übermitteln. Sprachliche Verständigungsschwierigkeiten gibt es keine, denn die Zeichen sind international. So sehen sie aus:

| | |
|---|---|
| 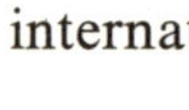 | FOLGE DIESEM WEG |
|  | DIESEM WEG NICHT FOLGEN |
|  | WIR HABEN GETEILT: DREI LINKS, VIER RECHTS TEILT EUCH! |
| 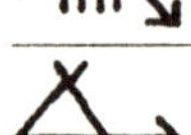 | WEG ZUM LAGERPLATZ |
|  | 10 SCHRITTE VON HIER IST EINE MITTEILUNG VERBORGEN |

| | |
|---|---|
|  | TRINKWASSER |
|  | WEG ZUM WASSER, DAS MAN NICHT TRINKEN KANN |
|  | FREUNDE |
|  | FEINDE |
|  | GEFAHR! |
|  | WARTE HIER 5 MINUTEN |
|  | ICH HABE MEINE AUFGABE ERFÜLLT UND BIN NACH HAUSE GEGANGEN. |

**Der Pfadfinderpfiff**

International ist auch ein besonderes Erkennungszeichen der Pfadfinder auf der ganzen Welt: der von Lord Baden-Powell komponierte Pfadfinderpfiff. Er hört sich so an:

# ZWEITER TEIL

## Praxis
## für
## Pfadfinder

## Leben und Überleben in der Natur

**»Survival« ist eine Kunst**

Das Wort »Survival« kommt aus dem Englischen und bedeutet: Überleben. Im modernen Sprachgebrauch versteht man unter »Survival« die erlernbare Kunst, sich mit eigener Kraft aus einer scheinbar hoffnungslosen Situation zu retten. So eine Situation kann beispielsweise dann entstehen, wenn ein Schiff am Ufer einer unbewohnten Insel strandet oder ein Flugzeug in der Wildnis notlanden muß.

Flugkapitäne der großen Luftfahrtgesellschaften, Privatpiloten, Tierfilmer und Forscher sind in Survival ausgebildet. Auch die Astronauten wissen, wie sie sich in der Wildnis verhalten müssen, falls bei ihrer Rückkehr zur Erde die Weltraumkapsel nicht im vorgesehenen Zielgebiet landet, sondern irgendwo weitab der Zivilisation, im Dschungel oder in der Antarktis.

Die »Kunst zu überleben« ist in verschiedenen, größtenteils nicht offiziell verkäuflichen Büchern niedergeschrieben – und siehe: als ich sie las, stellte ich fest, daß sie mir kaum etwas Neues boten. Denn fast alles, was in den »Survival«-Büchern steht, habe ich als Pfadfinder gelernt, bei Wanderungen, im Zeltlager und aus den Schriften von Baden-Powell. Jeder Pfadfinder kann in Ausnahmesituationen überleben und sich selbst retten, auch wenn seine Lage noch so hoffnungslos zu sein scheint.

Was für Flugkapitäne und Forscher zur Ausbildung für lebensgefährliche Notfälle gehört, das ist für dich als Pfadfinder lustiges Lagerleben und Ferienspaß, Spiel und Sport. Und nützlich dazu. – Nützlich nicht nur als Survival-Training für eventuelle kritische Situationen, sondern auch – und darüber habe ich schon ausführlich im Kapitel über Baden-Powell (S. 22–40) geschrieben – als Schulung deines Charakters, deines Selbstvertrauens und deines Verantwortungsgefühls.

**Der Abenteuerurlaub**

Neuerdings begeistert sich eine besondere Gruppe von Erwachsenen für das von Baden-Powell empfohlene Leben in der Natur: Politiker und Wirtschaftsmanager, die in ihren verantwortungsvollen Positionen übermäßig strapaziert werden, pflegen ihre Ferien heutzutage nicht mehr in teuren Hotels oder Sanatorien zu verbringen, sondern in der Wildnis. Sie machen sogenannten Abenteuerurlaub, in einsamen Wäldern, fern von der Zivilisation, ohne Auto, ohne Telefon, ohne Magenpillen, Herztropfen und Schlafmittel, ohne Dienstwagen und Sekretariat. Bewußt verzichten sie auf gewohnte Annehmlichkeiten, denn gerade das einfache Leben unter freiem Himmel ist es, was ihnen die im beruflichen Streß verbrauchten nervlichen und körperlichen Kräfte schnell wieder zurückgibt. Sie wandern in kleinen Gruppen quer durch die Wälder, überwinden Bäche mit selbstgebauten Seilbrücken, schlafen im Zelt oder in Baumhütten, die sie eigenhändig zimmern, sie kochen ihre Mahlzeiten über offenem Feuer, sie orientieren sich nach Landkarte und Kompaß, manchmal auch nur nach der Sonne oder den Sternen.

Ärzte wissen heute, daß ein aktiver Abenteuerurlaub gesünder ist und bessere Erholung gewährleistet als Faulenzerferien mit allem Komfort. Baden-Powell hat das schon vor über siebzig Jahren erkannt und den Pfadfindern empfohlen. Auch mit dieser Einsicht war er seiner Zeit weit voraus.

**Die Natur: deine Verbündete**

Wenn du als Pfadfinder Ferien im Freien machst, so lernst du dort im Zeltlager oder bei Wanderungen, wie ein Waldläufer zu leben. Du erwirbst dir Kenntnisse, die nicht jeder hat: du erfährst, wie man sich die Natur zur Verbündeten macht, wie man ihre Geheimnisse enträtselt, ihre Kräfte nützt und sich vor ihren Gefahren schützt.

# Die Orientierung

**So leicht kann man sich verirren**

Vielleicht hast du die »Prärie am Jacinto« gelesen, eine abenteuerliche Novelle von Charles Sealsfield (1793–1864). Dieser Schriftsteller war ein Österreicher, der eigentlich Karl Postl hieß, in den Wilden Westen Nordamerikas auswanderte, zahllose Abenteuer unter Indianern und Trappern erlebte, seine Geschichten niederschrieb und schließlich unter dem später angenommenen Namen Charles Sealsfield weltberühmt wurde. Sealsfield beschreibt in dieser Novelle den einsamen Ritt eines Mannes, der auf seinem erschöpften Pferd durch die Graswüste der Prärie irrt, gepeinigt von Hunger, Durst und glühender Hitze. Mit letzten Kräften schleppt er sich weiter, weil er hofft, irgendwo im Westen auf Menschen zu stoßen, die ihm Wasser geben und etwas Brot.

Plötzlich sieht er vor sich im Gras die Spur eines anderen Reiters. Sie ist noch frisch. Der Fremde kann nicht weit sein. Frohlockend verfolgt er die Fährte, er holt das Letzte aus seinem Pferd heraus. Seinen Blick starr auf die fremden Hufspuren gerichtet, so reitet er, taumelnd vor Erschöpfung, hinter dem unbekannten Reiter her. Nach einigen Stunden sieht er im Gras eine zweite Spur von Hufabdrücken, die zu der von ihm verfolgten Fährte stößt. Nun ist er zwei Reitern auf den Fersen. Er weiß: sein Leben hängt davon ab, daß er die beiden Fremden einholt. Obwohl seine Kräfte mehr und mehr schwinden, reitet er weiter, ohne sich eine Rast zu gönnen. Als nach einiger Zeit wieder die Fährte eines Reiters zu der von ihm verfolgten Spur stößt, wird er stutzig. Er untersucht die Stapfen im Gras und stellt zu seinem Entsetzen fest – daß es die Hufspuren seines eigenen Pferdes sind, immer wieder die eigenen Spuren, die er verfolgt hat! Er ist ständig im Kreis geritten, stundenlang, bis zur völligen Erschöpfung, ohne auch nur einen Meter weiter in den Westen, zu einer rettenden Ansiedlung gekommen zu sein. Er hat seine Kräfte sinnlos verbraucht.

Dem Mann wäre das Mißgeschick nicht passiert, hätte

er die Grundbegriffe der Orientierung gekannt, so, wie du sie als Pfadfinder lernst.
Es gibt verschiedene Methoden.

**Der Kompaß**

Am einfachsten ist die Orientierung, wenn du einen Kompaß hast. Die Preislage der Modelle schwankt vom billigen Taschenkompaß bis zu der für die Schiffahrt mit Gleichgewichtsautomatik ausgestatteten, verzierten Bussole, die sehr teuer ist. Für deine Zwecke ist am besten ein Marschkompaß geeignet*. Die wichtigsten Teile daran sind die Kompaßrose und die Magnetnadel.

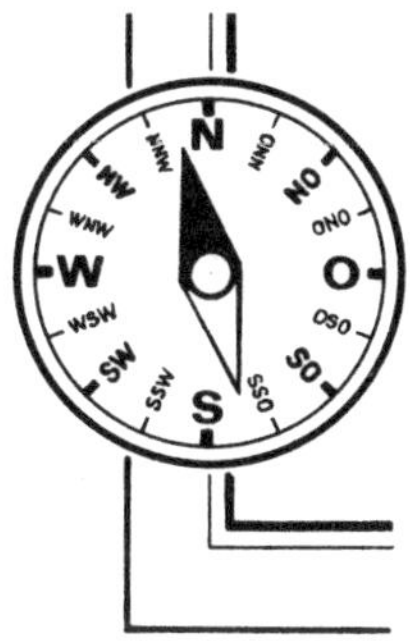


Die Kompaßrose – oder auch: Windrose – ist eine Scheibe mit eingezeichneten Himmelsrichtungen. Oben findest du Norden, unten Süden, und über jede Windrose kann man von links nach rechts das Wort WO schreiben. Also: links W (Westen) und rechts O (Osten).
Die Magnetnadel zeigt stets auf den magnetischen Nordpol, der allerdings mit dem geographischen Nordpol nicht völlig übereinstimmt. Diese Mißweisung (oder Deklination) beträgt je nach Standort in unseren Breiten sechs bis acht Grad. Genau läßt sie sich nicht festlegen, da der magnetische Nordpol aus wissenschaftlich noch nicht einwandfrei geklärten Gründen hin und her wandert.
Du darfst also die Kompaßnadel nicht in Übereinstimmung bringen mit der Markierung des geographischen Nordpols auf der Windrose, sondern sollst sie westlich davon abweichend um sechs bis acht Grad einstellen. Bei vielen Kompassen ist diese Mißweisung eingetragen oder eingestellt, da sie sich jedoch entsprechend der Wanderung des magnetischen Nordpols etwas verändert, empfiehlt es sich, sie alle zwei bis drei Jahre von einem Optiker nach dem neuesten Stand korrigieren zu lassen.

**Die Uhr als Wegweiser**

Wenn du keinen Kompaß bei dir hast, kannst du die Himmelsrichtungen mit einer Uhr bestimmen: du

* Falls ihr euch Ausrüstungsgegenstände kauft, dann seid ihr gut beraten, wenn ihr euch an eure Pfadfinderverbände wendet, die alle eigene Rüsthäuser, Beschaffungsstellen, Vertriebsgesellschaften und dergleichen haben. Dort bekommt ihr bewährtes Material zu günstigen Preisen.

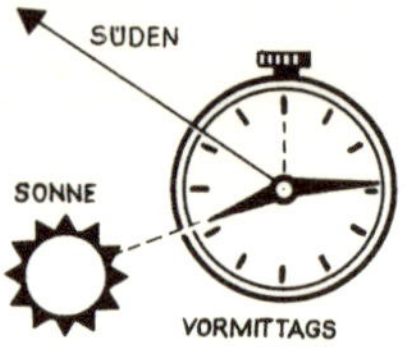


**Auf die Sonne ist Verlaß**

brauchst nur den kleinen Zeiger zur Sonne zu richten und den Winkel zur Zwölfuhrmarke zu halbieren. Die Halbierungslinie zeigt genau nach Süden, am Vormittag links von der Zwölfuhrmarke, am Nachmittag rechts davon.

Was aber, wenn du keine Uhr hast?

Auch kein Problem: du weißt, daß die Sonne im Osten auf- und im Westen untergeht. Wenn du also die aufgehende Sonne betrachtest, liegt links von dir Norden, rechts Süden. Abends, bei untergehender Sonne, ist es umgekehrt. Doch die Bestimmung der Himmelsrichtungen auf diese Weise ist ungenau.

Ganz genau geht es mit einer Sonnenuhr. Du rammst einen beliebig hohen Stab in die Erde und beginnst am späten Vormittag etwa alle fünf Minuten lang mit Steinen oder eingetrockneten Zweigen die Stellen zu bezeichnen, wo der Schatten aufhört. Der Schatten wird immer kürzer und verlängert sich dann wieder, dementsprechend entsteht eine geschwungene Linie deiner Markierungen, die an einer Stelle am nächsten zum Stab liegt: dort stand die Sonne um 12 Uhr mittag genau im Süden. Dieser Punkt der Markierung ergibt mit der Stelle, wo der Stab in den Boden gerammt ist, die genaue Nord-Süd-Richtung. Anders ausgedrückt: diese Markierungsstelle liegt genau nördlich des Stabes.

**Sterne lassen sich deuten**




Wenn die Sonne untergegangen ist, helfen dir die Sterne weiter, besonders der Polarstern. Er zeigt die genaue Nordrichtung an. Du findest den Polarstern, indem du die »Hinterachse« des deutlich erkennbaren Sternbildes vom »Großen Wagen« fünfmal verlängerst.

Sollten just der »Große Wagen« und der Polarstern von einer Wolke verdeckt sein, so kannst du auch auf jeden anderen Stern vertrauen. Du brauchst dazu weder ein Astronom noch ein Sterndeuter zu sein, sondern mußt nur folgendes tun: Du nimmst einen festen Standort ein, von dem du dich nicht mehr fortbewegen darfst. Dann visierst du irgendeinen Stern an, der nahe bei einem Fixierpunkt liegt, bei der Spitze eines Felszackens oder eines Stabes etwa, eines Zaunpfostens oder eines Baumwipfels, der jedoch nicht im Winde schwanken soll. Nach einigen Minuten bemerkst du, daß sich der

Stern bewegt – oder besser: zu bewegen scheint, da sich die Erde dreht. Nun überlege, wie der Stern am Himmel wandert, wenn er beispielsweise im Osten steht. Es ist ganz einfach: er steigt empor wie die aufgehende Sonne. Also:

Wenn er aufwärts steigt, blickst du nach Osten.
Wenn er abwärts sinkt, blickst du nach Westen.
Wenn er nach rechts wandert, blickst du nach Süden.
Wenn er nach links wandert, blickst du nach Norden.

**Käfer zeigen dir, wo Süden ist**

Sollte der Himmel tage- und nächtelang von Wolken bedeckt sein, ist eine Orientierung nach Sonne und Sternen freilich nicht möglich. Doch du hast in der Natur außer den Gestirnen noch eine Reihe anderer Verbündeter: den Wind beispielsweise, die Bäume, ja sogar Käfer. Um die Informationen dieser Verbündeten verwerten zu können, mußt du wissen, daß in unseren Zonen die Hauptwetterseite Nordwest ist. Das führt zu einer ganzen Reihe auffälliger Besonderheiten:

Alleinstehende Bäume beugen sich unter dem regelmäßigen Druck des aus Nordwest pfeifenden Wetterwindes nach Südosten. Die Äste alleinstehender Bäume sind im Nordwesten, wo der Wetterwind stürmt, kürzer als auf der windgeschützten Seite. Die auffallend langen Äste zeigen also nach Südosten.

Auf der Sägefläche von Baumstümpfen kannst du sehen, daß die Jahresringe auf der Wetterseite (Nordwest) deutlich enger beieinanderliegen als auf der windgeschützten Seite.

Wo der Wetterwind den Regen an die Bäume schwappt, wird das von Feuchtigkeit abhängige Wachstum der Moose und Flechten begünstigt. Die grünliche Färbung der Baumstämme liegt also auf der Nordwestseite.

Ohrenkäfer und Borkenkäfer haben es gerne gemütlich. Deshalb finden sie sich unter brüchigen Rinden von morschen Baumstämmen oder Pfählen nie im Nordwesten, sondern auf der Seite stärkster Sonnenbestrahlung: also im Süden.

Im Winter und in der Eiszone gibt es noch einige spezielle Möglichkeiten, die Himmelsrichtungen zu bestimmen:

**Eisbärte wachsen nach Nordwest**

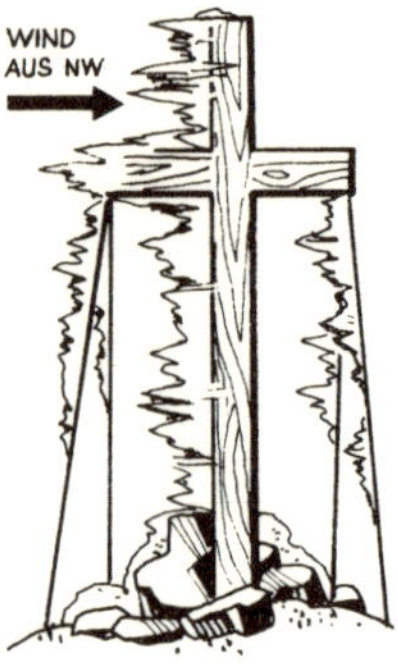


Die Wellenform der Schneewächten verläuft mit der Richtung des aus Nordwesten stürmenden Wetterwindes. Der »Wellenüberschlag« zeigt also nach Südosten. An Gipfelkreuzen, Felszacken und Bäumen liegt der keilförmig angewehte Schnee auf der Seite des Wetterwindes – an der Nordwestseite.
Die sogenannten Eisbärte bei extrem niedrigen Temperaturen wachsen stets dem kalten Wind entgegen – zeigen also in Richtung Nordwest.
Die sogenannten Gletschertische neigen sich der heißen Mittagssonne zu – also nach Süden.
Du siehst: es gibt keine Notsituation, die eine Orientierung unmöglich macht. Die Natur hilft dir in jedem Fall, die Himmelsrichtungen festzustellen. Und wenn du weißt, wo Norden ist, dann kannst du dich anhand der Landkarte orientieren. Aber auch das Kartenlesen muß gelernt sein!

# Kartenlesen – keine Zauberei

**Landkarten beflügeln die Phantasie**

Wer einmal gelernt hat, die Zeichen, Linien und Schattierungen einer Landkarte richtig zu deuten, der kann sich bereits zu Hause, wenn er eine Wanderung plant, mit einiger Phantasie ein genaues malerisches Bild von dem zu erwartenden Gelände machen: von Bergen und Tälern, Schluchten und Flüssen, von den Almhütten, Burgruinen und Wäldern.
Karten lesen zu können ist eine zwingende Notwendigkeit für jeden, der abenteuerliche Ferien in der Natur macht. Denn anhand der Karte kann er feststellen, wo er sich aufhält und wie er den richtigen Weg findet.
In Notfällen hängen möglicherweise Leben und Gesundheit davon ab, ob du fähig bist, Karten zu lesen.
Nehmen wir also einmal an, du befindest dich irgendwo in einem Gebiet, das du nicht kennst, das aber in einer von dir mitgeführten Landkarte genau dargestellt ist. Du faltest die Landkarte auseinander. Was nun?

**Der Maßstab**

Vor allen Dingen mußt du wissen, in welchem Maßstab die Karte gezeichnet wurde.
Der Maßstab ist das Verkleinerungsverhältnis der Karte im Vergleich zur Natur und läßt sich meist links unten am Rand ablesen.
Auf einer Landkarte des Maßstabes 1 : 10.000 ist jede Strecke ein Zehntausendstel der wirklichen Entfernung, ein Zentimeter entspricht mithin hundert Metern.
Ein Zentimeter auf der Karte im Maßstab 1 : 25.000 entspricht 250 Metern.
Ein Zentimeter auf der Karte im Maßstab 1 : 50.000 entspricht 500 Metern.
Ein Zentimeter auf der Karte im Maßstab 1 : 100.000 entspricht 1000 Metern.
Daraus ergibt sich:
Ein Kilometer entspricht im Maßstab 1 : 25.000 auf der Karte vier Zentimetern.
Ein Kilometer entspricht im Maßstab 1 : 50.000 auf der Karte zwei Zentimetern.
Ein Kilometer entspricht im Maßstab 1 : 100.000 auf der Karte einem Zentimeter.

Im praktischen Gebrauch haben sich für Wanderer, Bergsteiger und Abenteuerurlauber die Karten dieser vier Maßstäbe eingebürgert. Am gebräuchlichsten ist der Maßstab 1 : 25.000.

Was darüber hinausgeht, erfaßt ein Gelände, das für den Wanderer schon zu groß ist. Einzelheiten, die ihn interessieren, sind nicht mehr erkennbar.

Betrachten wir uns nun die Karte. Dort wimmelt es von Linien, Punkten und Zeichen, die auf den ersten Blick kaum verständlich sind.

Die Linien stellen Straßen und Wege, Bahngleise, Seilbahnen und fließende Gewässer dar.

Sie sind nicht zu verwechseln, wenn man die Kartenzeichen und Symbole kennt.

**Die Höhenlinien**

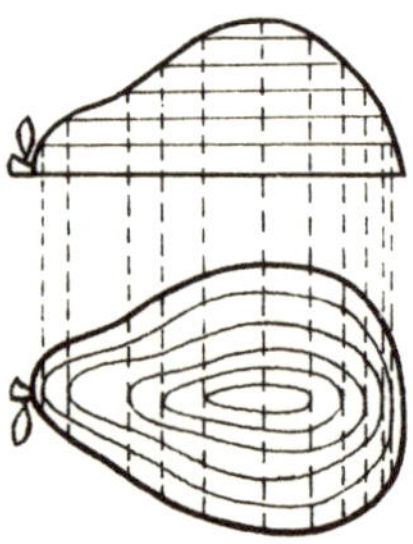

Außerdem gibt es aber noch die sogenannten Höhen- oder Schichtlinien (Isohypsen), denen du besondere Aufmerksamkeit zuwenden mußt: denn die Höhenlinien zeigen dir Berge, Täler, Abhänge und Steilwände an, indem jede von ihnen alle Punkte gleicher Höhe auf kürzestem Weg miteinander verbindet. Am besten kannst du dir das so vorstellen: Du teilst eine Birne in der Mitte, legst eine Hälfte auf die Schnittfläche und schneidest sie horizontal in regelmäßigen Abständen von je einem halben Zentimeter scheibenförmig durch. Wenn du die Birne dann von oben betrachtest, siehst du, daß die Schnittlinien an den steilen Seiten enger aneinanderliegen und sich bei flachen Stellen weiter auseinanderziehen.

Nicht anders ist es bei einem Berg, den die Kartographen in gedachte Scheiben geschnitten haben.

Du kannst also sofort erkennen, ob der Anstieg auf einen Berg steil oder flach ist oder wo sich eine senkrechte Felswand befindet: dort nämlich laufen mehrere Höhenlinien zu einer einzigen Linie zusammen.

Bei den meisten Karten sind die Höhenkurven außerdem braun, schwarz oder blau eingezeichnet, je nachdem, ob es sich um Grasboden oder Almen (braun), Fels (schwarz) oder Gletscher (blau) handelt.

Der Schnittabstand zweier Höhenlinien – also die Dicke der Schichten, mit denen die Birne oder der Berg durchschnitten ist – wird Äquidistanz genannt. Die

Äquidistanz bei der Birne war ein halber Zentimeter, bei Landkarten des Maßstabes 1 : 25.000 ist sie meist zehn Meter, bei Landkarten des Maßstabes 1 : 50.000 meist zwanzig Meter. Jede fünfte oder zehnte Höhenlinie ist dicker gedruckt und mit einer Zahl versehen, aus der die Höhe der betreffenden Linie über dem Meeresspiegel abgelesen werden kann. Die Zahl auf dem Gipfel gibt die Höhe des Berges an.

Bei vielen Karten werden die Berge und Täler zusätzlich zu den Höhenlinien noch durch eine Schattierung oder »Relieftönung« hervorgehoben: das ist eine dunklere Färbung der gedachten Schatten, die entstehen würden, wollte man das Gelände von einer Lichtquelle aus Nordwest (also vom linken oberen Eck der Karte her) bestrahlen.

Auf fast allen Karten ist außerdem ein quadratisches Gitternetz aufgedruckt, das bei Wanderkarten nicht mit dem geographischen Netz der Längen- und Breitengrade übereinstimmt (wie das beispielsweise in den großen Übersichtskarten deines Schulatlasses üblich ist), sondern dem leichteren Abschätzen von Entfernungen dient. Die Linien des Gitternetzes sind meist – nicht immer! – im Kilometerabstand eingezeichnet. Du mußt die Entfernung der Abstände in jedem Fall prüfen.

**Die Zeichen**

Damit du dich auf deiner Landkarte orientieren kannst, habe ich hier die Kartenzeichen abgebildet:

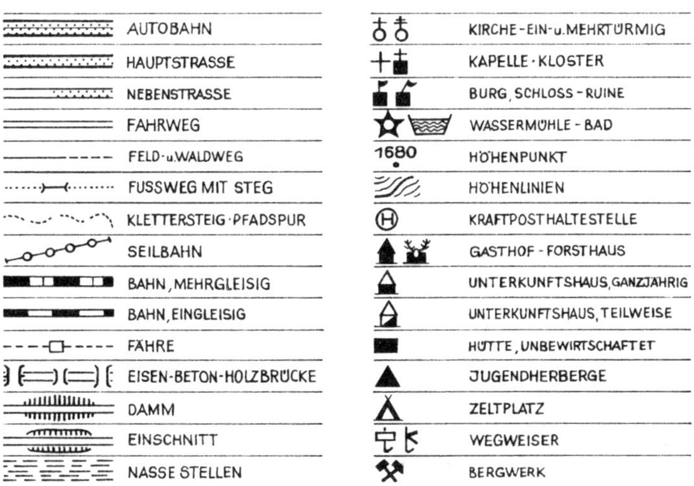

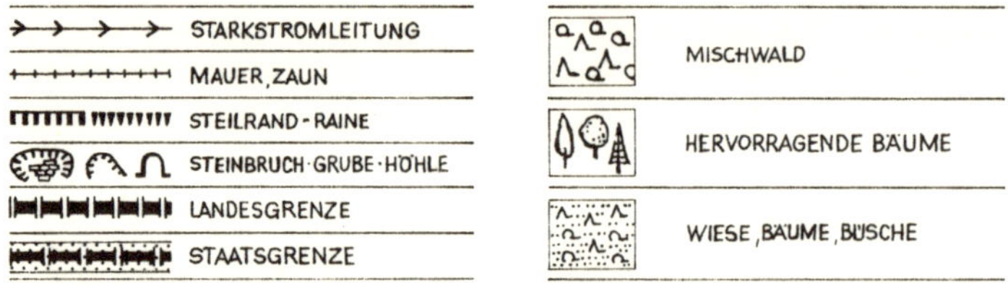


Wenn du nun nach der Karte wandern willst, mußt du
1. die Karte nach Norden einstellen und
2. deinen eigenen Standort ermitteln.

Die Karte nach Norden einstellen ist ganz einfach. Auf einer Karte befindet sich immer oben Norden, unten Süden, und wie beim Kompaß kann man von links nach rechts das Wort WO schreiben: links Westen, rechts Osten.

Lege nun die Karte möglichst genau mit der Mitte des oberen Randes in die von dir ermittelte Nordrichtung. Wenn du einen Kompaß hast, dann halte ihn mit der linken Hand auf die Karte, so daß seine Nordsüdachse über die Linie des linken Kartenrandes läuft (Abbildung). Drehe dann Karte und Kompaß so lange, bis sich die Nadel auf den magnetischen Nordpol eingependelt hat. Vergiß aber nicht die Mißweisung (Deklination) zwischen dem geographischen und dem magnetischen Nordpol.

**Den eigenen Standort ermitteln**

Suche dann zwei markante Punkte in der Natur, auf deren gedachter Verbindungslinie du dich befindest, und

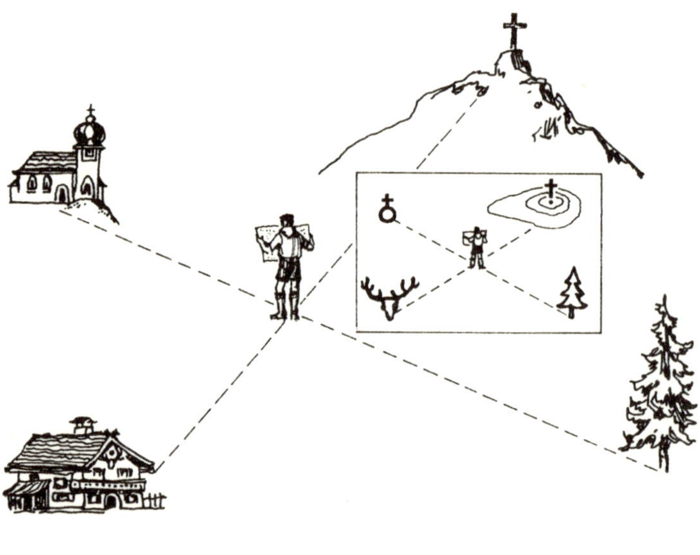

trage diese Linie in die Karte ein. Wenn du genau das gleiche noch einmal machst, mit einer quer dazu liegenden, zweiten Verbindungslinie, dann ergibt der Schnittpunkt beider Linien deinen Standort.
Du weißt also, wo du dich befindest, und du hast die Karte nach Norden ausgerichtet. Nun kannst du dir ein Ziel vornehmen und überlegen, welcher Weg dich dorthin führt. Betrachte diesen Weg Zentimeter für Zentimeter, bedenke alle besonderen Gegebenheiten des Geländes, Steilhänge, Felswände, Flüsse oder Bäche, überlege genau, wo möglicherweise Gefahren drohen, wo du dein Lagerfeuer machen, das Essen zubereiten und übernachten wirst.

**Karten selbst zeichnen**

Wenn du Karten lesen kannst, dann bist du auch imstande, Karten selbst zu zeichnen. Es ist eine gute Schulung deiner Beobachtungsgabe. Zeichne alles ein, was du bei deiner Wanderung siehst.
»Eure selbstgezeichnete Karte«, schreibt Baden-Powell, »muß keineswegs sehr kunstvoll ausgeführt sein, wenn sie nur ausreicht, daß ein anderer nach ihr den Weg findet. Vergeßt dabei nie, die Nordrichtung einzuzeichnen und ungefähr den Maßstab anzugeben.«
Eine Kartenskizze dieser Art nennt man »Plan-Kroki«.

Auch ein »Ansichts-Kroki« solltest du anfertigen können. Es ist ein Mittelding zwischen Kartenskizze und gezeichnetem Bild, eine plastische Landkarte gewissermaßen: Du zeichnest das vor dir liegende Gelände, wie du es siehst, läßt jedoch alles Unwichtige weg und stellst Bäume, Sträucher, Häuser, Kirchen oder Burgen in vereinfachten schematischen Abbildungen dar. Alle Linien zeichnest du im Vordergrund stark und dann im Hintergrund immer dünner, je nach wachsender Entfernung (siehe Seite 71).
Am oberen Rand kannst du ein Kroki mit Stichwörtern beschriften. Da ein Kroki immer sehr genau sein soll, mußt du fähig sein, Entfernungen in der Natur messen zu können. Ohne Metermaß und Meßgerät.

# Messen ohne Metermaß und Meßgerät

**Es kann lebenswichtig sein**

Mitunter ist es lebenswichtig, eine bestimmte Entfernung messen zu können.
Wenn du beispielsweise im Gebirge wanderst, kannst du bei einem heraufziehenden Gewitter feststellen, ob du die in einiger Entfernung vor dir liegende, deutlich sichtbare Berghütte noch erreichst – oder ob du sofort, an Ort und Stelle, Schutzmaßnahmen gegen Regenflut und Blitzschlag treffen mußt.
Du kannst vermeiden, daß du den Weg zu einer Unterkunft unterschätzt und dich die Dunkelheit auf halber Strecke überrascht, bevor du das Tageslicht genützt hast, um ein Nachtlager zu errichten.
Wenn du dich in einer gefährlichen Notsituation befindest – nach einer Flugzeug-Bruchlandung in unbekanntem Gebiet etwa –, kannst du ermessen, ob deine Kräfte für den Weg zu einem angestrebten Ziel noch reichen – oder ob du diese Kräfte besser an Ort und Stelle nützt, um Notsignale zu geben und damit Rettungsaktionen auszulösen. (Über internationale Notsignale erfährst du in dem Kapitel: »Wenn's gefährlich wird«, S. 136–138.)
Nützlich ist es auch, die Tiefe einer Schlucht zu messen oder die Breite eines Flusses, den es zu überqueren gilt.
Auch kurze Entfernungen von fünf Zentimetern bis zu zwei Metern solltest du schnell und ohne Metermaß messen können.

**Schätzen ist unsicher**

Vorerst einige Worte zum Schätzen von Entfernungen. Man braucht dazu viel Erfahrung. Und einige Faustregeln, wie diese:
Mit normaler Sehschärfe erkennt man auf
60 Meter: Einzelheiten des Gesichts: Augen, Mund, Nase
150 Meter: die Augen als Linie im Gesicht
250 Meter: einzelne Dachziegel
350 Meter: Fensterkreuze
700 Meter: einzelne Menschen
850 Meter: die Bewegung der Beine
einen Kilometer: einzelne Telegrafenstangen
eineinhalb Kilometer: Menschengruppen

zwei Kilometer: große einzelne Bäume
vier Kilometer: Kamine auf Häuserdächern
Bei diesen Faustregeln des Entfernungsschätzens muß man Fehlerquellen bedenken:
Man schätzt meist zu kurz bei Föhn, bei klarem Wetter, wenn die Sonne im Rücken steht, in der Ebene, auf welligem Gelände, über Täler hinweg und über weite glänzende Flächen (Wasser und Schnee). Zu weit schätzt man bei trübem Wetter, in der Dämmerung, bei flimmernder Luft, gegen dunklen Hintergrund, gegen die Sonne und wenn man bergauf blickt.
Das Entfernungsschätzen ist also eine ziemlich unsichere Angelegenheit, und meistens verhaut man sich dabei gewaltig. Wenn die Bestimmung einer Entfernung besonders wichtig ist, empfehle ich dir daher, daß du dich gar nicht aufs Schätzen verläßt, sondern von vornherein exakte Vermessungsarbeit leistest. Es gibt da einige wissenschaftlich fundierte Waldläufertricks, die du leicht anwenden kannst.

**Dein Körper als Metermaß**

Voraussetzung dafür ist, daß du die Abmessungen deines eigenen Körpers kennst – daß er dir gewissermaßen einen Meterstab ersetzt.
Früher war es gang und gäbe, die Maße dem menschlichen Körper anzugleichen: die Elle zum Beispiel galt als übliches Maß für Stoffware und entsprach der Entfernung vom Ellbogen bis zu den Fingerspitzen. Der »Spann« ließ sich mit der gespreizten Hand (zwischen Daumen und kleinem Finger) abmessen, und das alte Längenmaß Klafter war die Entfernung zwischen den Fingerspitzen der seitwärts gestreckten Arme.
In England und Amerika gibt es heute noch die Längenmaße »foot« (Fuß, 0,3048 Meter) und »mile«, also die Meile, die vom lateinischen »milia passuum« kommt und »tausend Doppelschritte« bedeutet: 1609,33 Meter.
Es empfiehlt sich, am eigenen Körper die genauen Maße festzustellen und sich einzuprägen: Wie groß bist du? Welche Höhe erreicht dein hochgestreckter Arm? Wie weit ist es vom Boden bis zu den Fingerspitzen des herabhängenden Armes? Wie lang ist deine Elle, deine Fingerspannweite? Die Distanz zwischen den Finger-

spitzen der seitwärts gestreckten Arme? Deine Hand? Dein Fuß? Wie weit ist die Entfernung vom Boden bis zum Knie? Wie lang sind die einzelnen Finger?
Welche einprägsame Strecke an deinem Körper mißt genau eineinhalb Meter, einen Meter, einen halben Meter, zehn Zentimeter, fünf Zentimeter?
Stelle außerdem fest: Welche Entfernung erreichst du mit zehn, mit zwanzig, mit fünfzig und mit hundert Schritten.
Wieviel Schritte brauchst du, um genau zehn, zwanzig, fünfzig, hundert Meter zurückzulegen?

**Wie hoch?**

Die Kenntnis deiner genauen Körpermaße nützt dir nicht nur bei kurzen Strecken, sondern auch dann, wenn du die Höhe eines Baumes, eines Hügels, einer Felswand oder eines Hauses errechnen willst. Ein bißchen Mathematik ist allerdings dabei. Es ist ganz einfach, wenn du den folgenden Text mit der Zeichnung auf Seite 76, oben, vergleichst.
Du suchst zunächst eine Stange, deren Abmessungen du genau feststellen kannst: erreichst du beispielsweise mit den Fingerspitzen der hochgestreckten Hand genau zwei Meter, dann schneidest du einen zwei Meter langen geraden Stock ab und steckst ihn beliebig weit von dem zu messenden Gegenstand, einem Baum (A) beispielsweise, in die Erde (C). Nun markierst du, auf dem Boden liegend, die Stelle (E), von der aus du das Stangenende (D) und die Baumspitze (B) in einer Linie (Visierlinie) siehst.
Damit hast du mit natürlichen Mitteln ein Meßgerät gebaut, das wie ein wissenschaftliches Instrument funktioniert. Nun mißt du mit Hilfe deines körperlichen Metermaßes oder mit Schritten genau die Entfernung von der Stelle (E) bis zur Stange (C) (in unserm Fall drei Meter) und schreitest dann die Distanz von der Stange zum Baum (C–A) ab (neun Meter). Jetzt kannst du für die unbekannte Höhe des Baumes (X) folgende Gleichung aufstellen:

$$\frac{X}{CD} = \frac{AE}{CE} \qquad X = \frac{AE \cdot CD}{CE} \qquad X = \frac{12 \cdot 2}{3} = 8$$

Der Baum ist also acht Meter hoch.

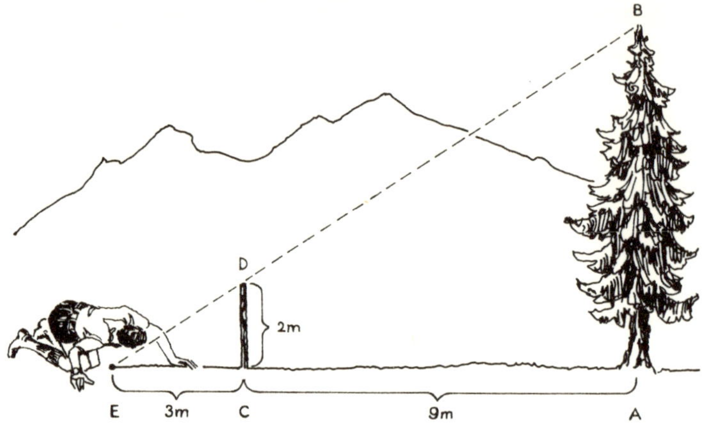


Etwas einfacher, aber nicht ganz so genau geht es mit der sogenannten Neunermethode, die sich ebenfalls anhand dieser Zeichnung erklären läßt: Gehe genau neun Schritte vom Baum weg, stecke dort eine Stange in die Erde (C), mach dann noch exakt einen zehnten Schritt weiter, bohre deinen Schuhabsatz ins Gras (E) und visiere von dort aus, auf dem Boden liegend, die Spitze des Baumes (B) an.

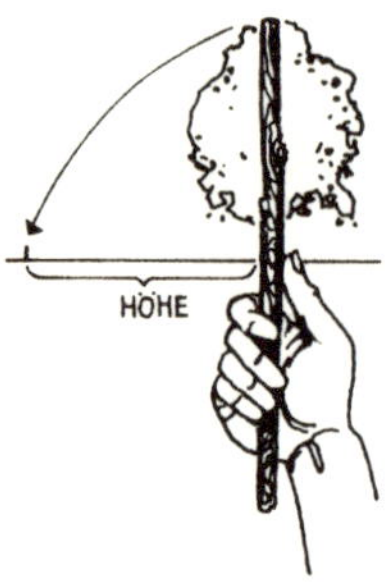


Markiere die Stelle, wo die Visierlinie (E–B) den Stock schneidet (D). Miß die Entfernung vom Erdboden zu dieser Stelle (C–D) und multipliziere sie mit zehn – dann hast du die Höhe des Baumes.

Noch einfacher und gänzlich unmathematisch ist die sogenannte Holzfällermethode: Du hältst aus etwa dreißig Schritt Entfernung mit ausgestrecktem Arm senkrecht einen Holzstab vor den Baum. Achte darauf, daß Stabende und Baumwipfel in einer Visierlinie liegen. Mit dem Daumen markierst du dann die Stelle, wo eine zweite Visierlinie zur Baumwurzel den Stab schneidet. Dreh nun den Stab um den Daumen in die Waagrechte, so, als würde der Baum seitwärts umfallen. Das Stabende zeigt nun die Stelle an, wo der Gipfel zu liegen käme. Merke dir diese Stelle. Die Entfernung von dieser Stelle zur Baumwurzel kannst du abschreiten. Sie entspricht der Baumhöhe.

**Wie tief?**

Wenn du die Tiefe einer Schlucht oder einer Bergwand messen willst, dann überzeuge dich zunächst, daß am

Fuß des Felsens niemand steht, wirf einen Stein in die Tiefe und zähle die Sekunden bis zum Aufschlag. Sekunden mal Sekunden mal fünf ergibt die Tiefe. Beispiel: Der Stein fällt drei Sekunden lang. $3 \times 3 \times 5 = 45$. Die Tiefe beträgt also 45 Meter.

**Wie weit?**

Um dich vor einem Gewitter rechtzeitig zu schützen, mußt du wissen, daß der Schall in drei Sekunden einen Kilometer zurücklegt. Dauert es zwischen dem grellen Aufzucken des Blitzes und dem Donnerschlag zwölf Sekunden, dann ist das Gewitter noch vier Kilometer weit entfernt. (Auf das Verhalten bei drohendem Blitzschlag komme ich noch auf den Seiten 145–149 in dem Kapitel »Wenn's gefährlich wird« zurück).

**Wie heftig weht der Wind?**

Windstärke und Windgeschwindigkeit lassen sich mit wissenschaftlichen Geräten, sogenannten Anemometern, messen. In der Natur mußt du dich aufs Schätzen verlassen. Du kannst jedoch die Windgeschwindigkeit sehr genau feststellen, wenn du dich an die Angaben der im Jahre 1800 festgelegten Beaufortskala hältst, so benannt nach dem englischen Admiral Beaufort:

Windstärke 0: »Windstille«. Rauch steigt senkrecht empor.

Windstärke 1: »Leiser Zug«. Rauch zieht leicht zur Seite. Windgeschwindigkeit : ab 1 Stundenkilometer.

Windstärke 2: »Leichter Wind«. Blätter rascheln. Windgeschwindigkeit: ab 6 Stundenkilometer.

Windstärke 3: »Schwacher Wind«, Laub ständig in Bewegung. Windgeschwindigkeit: ab 12 Stundenkilometer.

Windstärke 4: »Mäßiger Wind«. Dünne Äste in Bewegung, Staub und Papier wirbeln auf. Ab 20 Stundenkilometer.

Windstärke 5: »Frischer Wind«. Kleine Laubbäume neigen sich, Schaumkämme auf Seen. Ab 30 Stundenkilometer.

Windstärke 6: »Starker Wind«. Große Äste in Bewegung. Schirme schwer zu halten. Ab 40 Stundenkilometer.

Windstärke 7: »Steifer Wind«. Schwächere Bäume in Bewegung. Ab 50 Stundenkilometer.

Windstärke 8: »Stürmischer Wind«. Äste brechen ab, das Gehen wird erschwert. Ab 60 Stundenkilometer.
Windstärke 9: »Sturm«. Dachziegel fliegen zu Boden, leichte Gebäudeschäden. Ab 75 Stundenkilometer.
Windstärke 10: »Schwerer Sturm«. Bäume werden entwurzelt. Ab 90 Stundenkilometer.
Windstärke 11: »Orkanartiger Sturm«. Schwere Zerstörungen. Ab 100 Stundenkilometer.
Windstärke 12: »Orkan«. Allgemeine Verwüstungen. Ab 120 Stundenkilometer.

Wenn du die Zahl der Stundenkilometer durch 60 teilst, erhältst du die Geschwindigkeit, die der Wind in einer Minute zurücklegt. Bei Windstärke 10 zum Beispiel würde ein neun Kilometer entferntes Gewitter innerhalb von sechs Minuten, bei Windstärke 8 in neun Minuten zu dir getrieben werden. Vergiß aber nicht, daß der Sturm auf- und abschwellen kann und sich dementsprechend die Geschwindigkeit eines näher kommenden Gewitters verändert!

**Wie schnell?**

Mitunter ist es auch nützlich, die Geschwindigkeit eines Flusses zu messen: Wirf zu diesem Zweck ein Stück Holz ins Wasser und schreite dann die Strecke ab, die es in sechs Sekunden zurücklegt. Die Meterzahl dieser Strecke mal 600 ergibt die Flußgeschwindigkeit in Metern pro Stunde. Beispiel: Das Holz schwimmt in sechs Sekunden 15 Meter weit. 600 × 15 = 9000 Stundenmeter Flußgeschwindigkeit, also neun Stundenkilometer.

**Wie breit?**

Besonders wichtig ist es, die Breite eines Flusses exakt abmessen zu können. Es gelingt dir auf den Meter genau, wenn du folgendermaßen verfährst:

Suche einen auffallenden Punkt (A) am gegenüberliegenden Ufer, z. B. einen Baum, und markiere auf deiner Flußseite die genau gegenüberliegende Stelle mit einem Zweig (B), gehe dann eine bestimmte Anzahl von Schritten – beispielsweise hundert – am Ufer entlang, stecke wieder einen Ast in den Boden (C) und marschiere nochmals hundert Schritt weiter. Die Stelle, die du dabei erreichst, markierst du ebenfalls (D). Von dort aus schreitest du im rechten Winkel zum Flußufer landeinwärts, bis du über den Markierungspunkt (C) hinweg den Baum (A) in einer Visierlinie siehst. Die Ent-

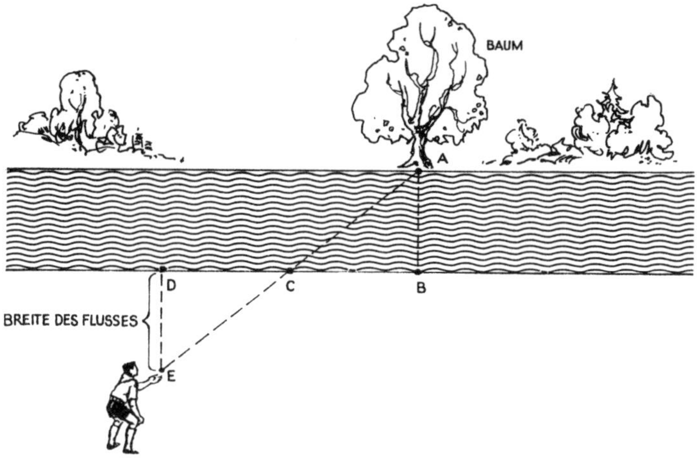


fernung von deinem jetzigen Standort (E) zum Ufer (D) entspricht genau der Breite des Flusses. Du brauchst jetzt nur noch die Anzahl deiner Schritte von D nach E in Meter umzurechnen.

Wenn es gilt, eine besonders große Distanz zu messen – bis zu dem kilometerweit entfernten Fuß eines Berges (A) etwa –, dann kannst du nach dem oben abgebildeten Dreiecksystem folgendermaßen verfahren: Du machst von B nach C hundert Schritte und von C nach D zehn Schritte. Die Entfernung D–E mußt du dann mit zehn multiplizieren, um die Entfernung A–B zu errechnen.

Eine andere, schnelle, aber weniger genaue Methode zum Ermitteln von Entfernungen ist der sogenannte Daumensprung. Diese Methode geht von der Erkenntnis aus, daß eine entfernt liegende, kurze Querdistanz wesentlich leichter und verläßlicher zu schätzen ist als eine ausgedehnte Längenentfernung.

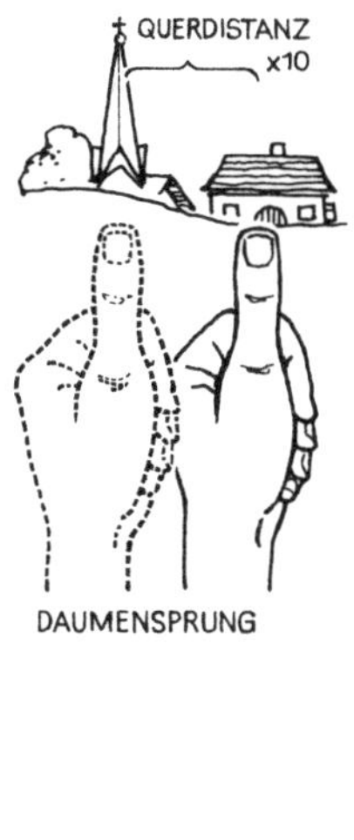

DAUMENSPRUNG

Und so wird es gemacht: Du zielst mit einem Auge über den emporgestellten Daumen des ausgestreckten Armes hinweg auf einen Gegenstand, einen Kirchturm etwa, dessen Entfernung von deinem Standort du wissen willst, kneifst dann das Auge zu und öffnest gleichzeitig das bisher geschlossene andere Auge. Der Daumen scheint zur Seite zu springen. Die Querdistanz des Seitensprungs kannst du gut schätzen. Mit zehn multipliziert, ergibt sie annähernd genau die Entfernung von dir zum Kirchturm.

# Wie man Feuer macht

**Ohne Feuer kein Leben**

Wenn du dich in der Natur befindest, brauchst du ein Feuer – egal, ob du Abenteuerurlaub im Zeltlager machst oder ob du irgendwo in der Wildnis um dein Leben kämpfen mußt. In Survival-Büchern wird die Kunst, Feuer zu machen, besonders sorgfältig beschrieben und zum ständigen Training empfohlen. Denn ohne Feuer gibt es kein menschliches Leben.

Das gilt heute genauso wie vor Hundertausenden von Jahren. Das Feuer wärmt, macht rohe Speisen genießbar und ermöglicht es, verseuchtes Wasser abzukochen für den menschlichen Gebrauch. Die in der Finsternis hell leuchtenden Flammen schützen vor lichtscheuem Gesindel und vor wilden Tieren. Der Lichtschein dient auch als Notsignal, um Rettungsaktionen auszulösen, oder zur Warnung und Orientierung: für Schiffskapitäne beispielsweise, denen die Flammen der Leuchttürme in finsterer Nacht den Weg durch die Klippen des Meeres weisen. Mit Rauchzeichen können Nachrichten übermittelt werden. In der Hitze des Feuers läßt sich glühendes Metall zu Waffen und Werkzeugen verarbeiten. Der Ton, aus dem Gefäße geformt werden, wird durch Feuer erst hart und brauchbar.

Die heutige Zivilisation kommt selbstverständlich nicht ohne Feuer aus, wenngleich Glut und Flammen unsichtbar sind: im Elektroherd, in den Heizkörpern der Zentralheizung oder im Gemäuer des Hochofens.

Feuer bedeutet aber auch Verwüstung und Vernichtung, wenn es vom Menschen nicht mit Verstand gezähmt wird.

**Das Feuer: Eigentum der Götter**

Laß mich, bevor ich auf die pfadfinderische Praxis dieses Themas eingehe, ein bißchen von der Kulturgeschichte des Feuers erzählen, von der interessanten Tatsache beispielsweise, daß es früher von allen Völkern verehrt, mitunter vergöttert wurde. In den Mythologien, also den überlieferten Vorzeiterzählungen der ganzen Erde, finden sich Sagen von Feuergöttern, vom Feuerreiter, von feuerspeienden Drachen, schützenden Flammenringen und verderblichen Feuerschlünden. Den al-

ten Germanen war das Herdfeuer heilig, weil es Wärme, Licht und Leben bedeutete und vor den Dämonen der Finsternis schützte.
Der Feuerraub galt damals als besonders fluchwürdiges Verbrechen und wurde gnadenlos mit dem Tode bestraft.
Aus der Antike ist die Sage von Prometheus überliefert, der dem Göttervater Zeus das Feuer raubte, um es den Menschen zu bringen. Für diese Freveltat wurde er an einen Felsen geschmiedet, einem Adler zum Fraße. Die Rache fiel deshalb so hart aus, weil das Feuer in der antiken Glaubenswelt als persönliches Eigentum der Götter galt.
Im Mittelalter wurden Menschen, die als besonders gefährliche Verbrecher galten – Mörder, Sittenstrolche und angebliche Hexen – zum Tode auf dem Scheiterhaufen verurteilt, weil das rachedurstige Volk in seiner abergläubischen Furcht glaubte, nur das Feuer könne einen gefährlichen Mitbürger so restlos vernichten und vertilgen, daß er nicht einmal als Gespenst wiederkehre.
Das Feuer gab aber auch Anlaß zu friedlichem Brauchtum. Denken wir nur an die Feuerräder und Feuertänze, an die Freudenfeuer zu gewissen Feiertagen (Sonnenwende), an die Kerzen auf dem Christbaum, an die Grabkerzen und an Fackelzüge.

**»Ursprung des Seins«**

Für die Naturphilosophie gilt das Feuer als »Ursprung des Seins«.
Die Fähigkeit, Feuer zu erhalten und zu zähmen, ist der erste Beweis menschlicher Denkfähigkeit überhaupt. Das stellten Wissenschaftler fest, die sich mit der Entwicklungsgeschichte unserer Menschheit befaßten. Sie konnten beweisen, daß der bereits vor 400.000 Jahren lebende Pekingmensch imstande gewesen war, das von zufälligem Blitzschlag entfachte Feuer zu horten.
Feuer entfachen konnte er allerdings noch nicht. Diese Kunst blieb später entwickelter menschlicher Intelligenz vorbehalten. Ein Feuer anzünden zu dürfen galt bei fast allen Eingeborenenstämmen als Vorrecht der Häuptlinge.
Heutzutage scheint es keine Kunst mehr zu sein, Feuer zu machen: man braucht nur den Elektroherd anzustel-

len oder ein Streichholz ans Papier zu halten, das meist auch noch mit Brennspiritus getränkt ist.
Eine Kunst ist es aber nach wie vor, Feuer zu machen ohne Streichhölzer, ohne Feuerzeug, ohne Papier und ohne Spiritus. – Eine Kunst, die nicht jeder kann.
Ich meine, daß du als Pfadfinder grundsätzlich kein Papier und keinen Brennspiritus, sondern nur Material aus Wald und Feld zum Anbrennen eines Feuers verwenden sollst. Streichhölzer und Feuerzeug kannst du selbstverständlich zum Anzünden nehmen, aber hin und wieder sollst du darauf verzichten und Feuer nach Art der Indianer oder Steinzeitmenschen machen, mit ganz primitiven, jahrtausendealten Methoden. Derlei Kenntnisse können im Notfall lebenswichtig sein, außerdem macht's Spaß, zu erleben, wie man mit Hilfe der Natur und eigener Kraft Flammen erzeugen kann.

**Vor allem: Vorsicht!**

Zuvor aber einige Tips zur Sicherheit:
Mach kein Feuer auf Heide und Moorboden, denn es kann unter der Erdoberfläche weiterglühen und nach Tagen an anderer Stelle wieder ausbrechen. Feuer im trockenen Gras, auf einer mit Heu bedeckten Wiese und im Laub, in der Nähe von dürren Bäumen oder Holzhäusern, Scheunen, Ställen und Stadeln ist gefährlich. Achte auf die Windrichtung, damit die Funken nicht ins Gehölz fliegen. Besondere Vorsicht sollst du üben bei starkem Föhn mit seinen unberechenbaren Windstößen und bei der jahreszeitlich bedingten Trokkenheit im Herbst.
Ein mit Kies, Sand oder Schotter bedeckter Boden ist der sicherste Untergrund fürs Feuer. Sollte kein solcher in der Nähe sein, dann hebe einige flache Grasziegel aus, und mache die Feuerstelle im frischen Erdreich. Säubere die Umgebung von brennbarem Material.
Verlasse dein Lagerfeuer stets erst dann, wenn du die Glut gelöscht und die verkohlten Reste vergraben oder mit den Rasenziegeln bedeckt hast, so daß keine Spuren mehr zu sehen sind. Lege kreuzweise zwei Äste darüber; falls in der Nähe später zufälligerweise ein Brand ausbricht, beweisen sie, daß er seinen Ursprung nicht an deiner Feuerstelle hat. Soweit die wichtigsten Sicherheitsmaßregeln.

Nun aber laß uns Feuer machen.
Es beginnt mit dem Sammeln von Brennmaterial:
Reisig und weiches Holz dienen zum schnellen Anbrennen (Birke, Fichte, Hasel, Kiefer, Lärche).
Hartholz ist am besten geeignet für langdauernde Flammen und für die Glut (Ahorn, Eiche, Esche, Buche).
Die Zweige und Äste sollen trocken, aber nicht morsch sein und nicht wie Glas brechen. Dickere Stämme brauchst du nicht gleich zu hacken oder zu sägen. Du kannst sie zwischen Astgabeln von Bäumen klemmen und mit der Hebelwirkung leicht brechen. Dabei schwirren oft Späne durch die Luft. Wende daher den Kopf ab, und mach die Augen zu.
Besonders wichtig ist das Brennmaterial für den sogenannten Unterzünder. Es soll leicht brennen, die erste, schwache Flamme des Streichholzes verläßlich aufnehmen, nähren und schnell zu einem prasselnden Feuer wachsen lassen.

**Am besten ist Birkenrinde**

Der beste Unterzünder, den die Natur liefert, ist Birkenrinde, die du mit einigen Schnitten vom Baumstamm lockern und in langen Streifen abziehen kannst. Sie brennt unglaublich heiß, mit rasender, zischender Flamme, die selbst vom schärfsten Sturmwind nicht mehr ausgelöscht werden kann. Es ist irgendein geheimnisvoller Saft in dieser Birkenrinde, der wie Brennspiritus wirkt. Ein Chemiker könnte ihn sicherlich feststellen.
Natürlich schadest du den Birken, wenn du sie der Rinde beraubst, und deshalb sollst du sie nur in wirklichen Notfällen vom Baum abziehen – sonst nicht! Du kannst höchstens den hauchdünnen, flockigen Flaum verwenden, der sich manchmal auf der Birkenrinde kräuselt und im Wind weht. Er brennt auch vorzüglich.
Wenn's nicht drauf ankommt, ob eine Flamme verlöscht, oder wenn du genügend Zündhölzer dabei hast, dann kannst du dir folgendermaßen einen bewährten Unterzünder verschaffen: Du spaltest mit dem Messer dünne Äste und Reisig in Späne, zerbrichst sie und schichtest sie kreuz und quer auf. Oder du schneidest die Zweige von Weichholzbäumen so an, daß sich dünne Holzlocken kräuseln. Schneide mit dem Messer

grundsätzlich vom Körper weg – so kannst du dich nicht verletzen.

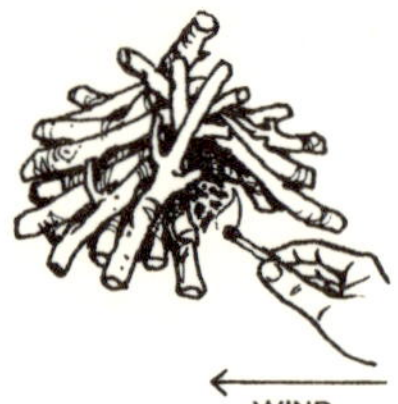


Über den Unterzünder schichtest du dann Zweige und Äste, und zwar am besten in Pyramidenform. Daher der Name des bewährten und bei Waldläufern am meisten gebräuchlichen »Pyramidenfeuers«.

Die Öffnung zum Anzünden läßt du zweckmäßigerweise auf der Windseite (Luv) frei, damit die Flammen in den Holzstoß geweht werden. Entsprechend sollen mehr und stärkere Hölzer auf der dem Wind abgewandten Seite (Lee) geschichtet sein und den dorthin flackernden Flammen verstärkte Nahrung geben. Die Windrichtung kannst du übrigens feststellen, indem du einen Finger in den Mund steckst oder auf andere Weise befeuchtest und hochhebst. Wo ihn der Wind anweht, dort empfindest du Kälte.

Im Augenblick des Anzündens ist Wind unerwünscht. Du schirmst ihn daher am besten mit deinem Körper ab, entfachst in den hohlen Händen ein Streichholz und hältst es an den Unterzünder.

**Ohne Streichholz**

Was aber, wenn du keine Streichhölzer oder kein Feuerzeug hast?

Dann mußt du dir Feuer machen wie die Steinzeitmenschen, die Eingeborenen und die Indianer.

In Borneo sägen die Malaien mit einem biegsamen Hartholzstab weiches Holz so lange, bis durch die Reibung an der Sägestelle Glut entsteht. Wenn man diese Glut behutsam bläst, läßt sich daran leichtbrennbares Material entzünden: Stroh, verdorrtes Gras, geschabte Baumrinde oder Schnitzel des grauen, meist an Buchen wachsenden Feuerschwammes.

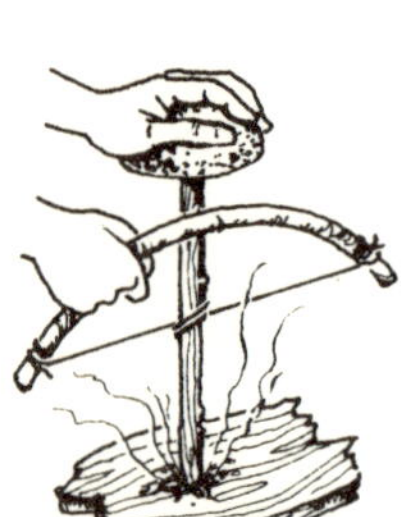

Die nordamerikanischen Indianer haben folgende Methode entwickelt: Sie drehen die Sehne eines Bogens einfach oder doppelt um einen Hartholzstab, den sie mit einem Stein fest auf eine besonders trockene Weichholzplatte drücken. Mit Sägebewegungen des Bogens quirlen sie den Stab schnell hin und her, so daß er sich ins Weichholz bohrt und dabei durch die Reibung Glut erzeugt.

**Auch das gibt's: Feuer aus Wasser**

An Zauberei scheint eine Methode der Eskimos zu grenzen, die Feuer mit Wasser machen – mit gefrorenem Wasser: Sie schleifen und schmirgeln einen Eisbrocken so lange zwischen den Händen, bis er die Form einer handtellergroßen Linse bekommt. Dann lassen sie die Sonne durch den Eisbrocken auf leichtentzündliches Material scheinen, und siehe: bald kräuselt sich ein Rauchfähnchen, und schließlich entsteht wie durch ein Wunder eine kleine Flamme.

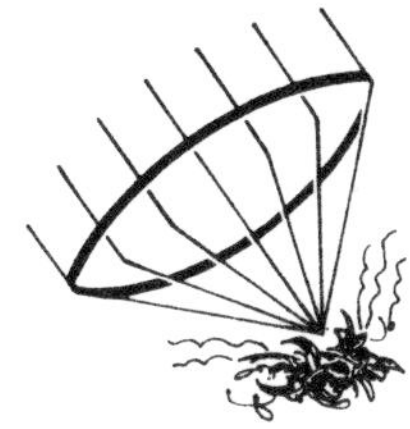

Das hat freilich nichts mit schwarzer Magie zu tun, sondern mit Physik. Die Linse aus Eis ist nämlich ein sogenanntes Brennglas: eine Sammel- oder Konvexlinse, die in der Mitte dicker ist als am Rand und die Fähigkeit hat, Parallelstrahlen zu bündeln. Wo sich Sonnenstrahlen vereinen – im Brennpunkt – entsteht Feuer. Auch wenn das Brennglas aus Eis besteht.

So einfach, wie sich das hier liest, ist diese Methode in der Praxis freilich nicht. Der Eisbrocken muß klar sein, ohne Schlieren und Risse, und soll mit sehr viel Kunstfertigkeit völlig gleichmäßig geschliffen werden. Die geringste Unregelmäßigkeit macht ihn untauglich. Ohne Meßgeräte für den optischen Glasschliff, nur mit Augenmaß und Gefühl, ist es für uns Menschen der Zivilisation kaum möglich, ein Brennglas aus Eis herzustellen. – Bei den Eskimos kann es jedes Kind.

Es gibt noch eine andere Möglichkeit, aus Wasser Feuer zu machen: indem man Wasser zwischen zwei Uhrgläser – ein großes und ein kleines – einschließt. Das solchermaßen zu einer Linse geformte Wasser wirkt wie ein Brennglas und bündelt die Sonnenstrahlen.

**Fotoapparat als Feuerzeug**

Auch mit deinem Fotoapparat kannst du Feuer machen. Die Objektive sind nämlich Brenngläser. Du brauchst nur hinten den Deckel zu öffnen, den Film herauszunehmen und die Sonne durch den Apparat scheinen lassen – schon entsteht vor der Kamera ein Brennpunkt zum Anzünden. Spiegelreflexkameras allerdings lassen sich selten dafür nützen, denn die Anordnung der Spiegel macht es meist unmöglich, Sonnenstrahlen durchs Objektiv zu schicken.

Verblüffend ist auch die Tatsache, daß man die Brillengläser eines Weitsichtigen als Brenngläser verwenden kann. Feuer aus der Brille. – Ein Gag, dem schon viele Menschen ihr Leben verdankten.

Man muß also nie verzagen, auch in Notlagen nicht. Eine Möglichkeit, Feuer zu machen, gibt's immer.

**Feuer für viele Zwecke**

Außer dem vorhin beschriebenen Pyramidenfeuer gibt es noch Pagodenfeuer, Jäger-, Trapper- und Sternfeuer, Reflexionsfeuer, Grabenfeuer, Grubenfeuer, Polynesierfeuer, Hirten-, Dreibein- und Galgenfeuer.

Das Pagodenfeuer hat seinen Namen von den in der Form ähnlichen Tempelbauten Ostasiens und eignet sich besonders für weithin sichtbare Signalfeuer. Und fürs »große Lagerfeuer«, wenn abends alle zusammenkommen, um im rötlichen, flackernden Licht der Flammen zu singen und zu spielen, zu erzählen und zu diskutieren. (Bei dieser Gelegenheit einen Rat: In der nächtlichen Kühle empfindest du besonders deutlich, daß dich die Flammen nur von vorne wärmen. Nimm also zum großen Lagerfeuer eine Wolldecke mit, die du dir um die Schulter legen kannst, um zu vermeiden, daß dir hinten Eiszapfen wachsen.)

Das Jäger- oder Sternfeuer, auch Trapperfeuer, wird bevorzugt verwendet, wenn es gilt, ein unauffälliges Feuer ohne großen Lichtschein und mit minimaler Rauchentwicklung zu machen, um keine Tiere zu verscheuchen oder Feinde anzulocken. Man nennt es auch Sternfeuer, weil die Hölzer sternförmig von mehreren Seiten in die Glut gelegt und, je nachdem wie weit sie verbrennen, nachgeschoben werden.

Wenn es besonders kalt ist, empfiehlt sich ein Reflexionsfeuer, so benannt, weil eine neben der Feuerstelle errichtete, etwa 80 Zentimeter hohe Wand aus verflochtenen Weidenzweigen die Flammenhitze auf die gegenüberliegende Seite reflektiert – meist in den offenen Eingang eines Zeltes hinein.

Das Grabenfeuer schützt Feuer und Glut bei extrem starkem Wind.

Das Grubenfeuer dient zur Erhaltung der Glut. Es wird so gemacht: Du hebst ein ringförmiges Loch aus und entzündest darin ein Pyramidenfeuer mit Weichholz. Wenn es besonders gut brennt, legst du viel Hartholz darüber. Mit einem Deckel aus Stein kannst du die Luftzufuhr regulieren. Die Flammen verlöschen bald, und die schwellende Glut hält stundenlang.

**Bei Regen: Feuer wie in Polynesien**

Das Polynesierfeuer hat sich zum Kochen besonders bei Regen und starkem Sturm bewährt. Du schaufelst eine kegelförmige Grube, die oben etwas größer sein soll als dein Kochtopf, legst dann die innere Grubenwand rundherum mit einer Schicht von Hartholz aus und machst in der Mitte ein Feuer aus leichtentzündlichem Weichholz. Wenn das Hartholz glüht, senkst du den Kochtopf in die Grube, bis er klemmt.

POLYNESIERFEUER

Das Hirtenfeuer ist die einfachste Art zum Kochen. Es brennt zwischen drei gleich hohen Steinen, auf die du deinen Kochtopf stellen kannst.

GALGENFEUER

Galgenfeuer und Dreibeinfeuer haben ihre Namen von den Vorrichtungen, mit denen dein Kochtopf über den Flammen gehalten wird.

Wenn du die Nahrung zubereiten willst, merke dir folgendes: Im Topf gekocht wird über Glut oder offener Flamme, gegrillt wird grundsätzlich nur über Glut. Ich habe schon Leute gesehen, die Fleisch in die offene Flamme gehalten haben und sich wunderten, daß es dabei bis zur Ungenießbarkeit verbrannte und verkohlte.

DREIBEINFEUER

Fleischstücke werden am besten gegrillt, indem man sie auf eine saftige Weidenrute spießt und über der Glut dreht.

GALGENFEUER

Um Fische zu grillen, gibt es zwei bewährte Methoden: Du biegst eine Weidenrute zur Form eines Tennisraketts und fixierst in diesem Rahmen den Fisch mit einem Geflecht von frischen Zweigen. Oder du spießt ihn der Länge nach auf einen schräg über die Glut ins Erdreich gebohrten Stecken. Mit diesem uralten Waldläufertrick werden übrigens auf dem Münchner Oktoberfest die sogenannten Steckerlfisch' gemacht.

Abschließend noch ein heißer Tip für nasse Tage: Wenn nur regentriefendes Holz am Boden herumliegt und du unbedingt Feuer machen mußt, dann gibt es immer noch ein paar Lichtblicke: Birkenrinde, Birkenzweige und Birkenäste brennen auch im nassen Zustand. Abgestorbene Zweige an der Südostseite von Baumstämmen sind meist vom Regen verschont geblieben, desgleichen Fichtenzapfen, die direkt unter den schützenden Ästen wachsen.

Ansonsten mußt du dir Brennholz »schnitzen«, indem du die durchnäßte äußere Schicht dicker Stämme abschneidest, bis du auf den trockenen Innenteil kommst. Günstig bei Regen ist das vorhin beschriebene Polynesierfeuer. Gegebenenfalls mußt du über der Feuerstelle ein kleines Holzdach aus grünen Ästen und Blättern bauen, um den Regen abzuschirmen.

Eine Plackerei ist das Feuermachen bei Nässe in jedem Fall. Es empfiehlt sich daher stets, getrocknetes Brennholz zu sammeln und geschützt zu lagern, rechtzeitig bevor es regnet, besonders vor einer Serie von Regentagen.

# Wissen, wie das Wetter wird

**Die Sprache der Frösche**

Wer die Sprache der Frösche versteht oder an Gicht leidet, der weiß genau, ob morgen schönes Wetter wird oder ob es regnen wird. Für ein bestimmtes, kleines Gebiet seiner engeren Heimat kann er das Wetter sogar besser vorhersagen als ein an Universitäten ausgebildeter Meteorologe.
Mit dieser auf den ersten Blick vermessen wirkenden Behauptung bestreite ich nicht im geringsten die Bedeutung der wissenschaftlichen Wetterprognose oder gar den Sinn des meteorologischen Weltnachrichtendienstes, einer über alle Grenzen hinweg bestens funktionierenden Organisation. Die Meteorologen leisten unschätzbare Arbeit. In den etwa 8000 staatlichen Wetterstationen des ganzen Erdballs, auf allen Flughäfen und auf elf Wetterschiffen messen sie Tag und Nacht, rund um die Uhr mit hochkomplizierten Barometern, Hygrometern und anderen Instrumenten die sogenannten »Wetterelemente«, wie Windströmungen, Luftdruck und Luftfeuchtigkeit, Bewölkung, Temperatur, Strahlung, Niederschläge und Nebel. Ihre Daten liefern sie mit Hilfe eines international verständlichen Zahlenschlüssels an die Zentren des meteorologischen Weltnachrichtendienstes: Offenbach am Main, Paris, Bracknell (bei London), Washington, Moskau, Tokio, Neu-Delhi, Nairobi, Melbourne und Brasilia.
Dort werden die Messungen verglichen, ausgetauscht und ausgearbeitet, schließlich mit den aus dem Weltraum gefunkten Daten und Fotos der Wettersatelliten angereichert und an die amtlichen Wetterstellen der einzelnen Staaten weitergeleitet.
Experten können dann Vorhersagen machen, die dem Laien schier unglaublich erscheinen. Sie sind zum Beispiel imstande, den Luftfahrtgesellschaften genau anzugeben, wie die Windstärken und Windrichtungen für die Strecken des Weltluftverkehrs in 8000 bis 12.000 Meter Höhe sein werden, sie können den Schiffahrtsbehörden gefahrlose, vom Sturm unberührte Routen in den Weltmeeren für fünf Tage im voraus empfehlen,

es ist für sie kein Problem, exakte Vorhersagen der sogenannten Großwetterlage für Gebiete bis zur Größe Europas zu geben – aber eines können sie nicht: das Wetter voraussagen für die Waldlichtung, wo du dein Zelt aufgeschlagen hast!

**Verlaß dich nicht auf den Wetterbericht**

Deshalb sollst du dich nicht auf den Wetterbericht allein verlassen, sonst erlebst du möglicherweise gute oder schlechte Überraschungen. Das Wetter macht nämlich mehr Extratouren, als man denkt. Es wird örtlich, auf engsten Räumen, beeinflußt von besonderen Gegebenheiten, von feuchten Flußniederungen und Mooren beispielsweise, von Berggipfeln und Talkesseln, Felswänden und Heidelandschaften. Die dadurch ausgelösten »kleinräumigen Vorgänge« können von den Wetterämtern – von gelegentlichen Ausnahmen abgesehen – nicht berücksichtigt werden. Deshalb ist es durchaus vorstellbar, daß es dir in einem sogenannten Wetterwinkel der Alpen die Ferien gehörig verregnet, obwohl der Wetterbericht eine sonnige Großwetterlage zwischen Grönland und Nordafrika versprach. Andererseits ist nicht ausgeschlossen, daß du trotz amtlicher Regenvorhersage in einem kleinen, von sogenannten Wetterscheiden geschützten Gebiet herrlichsten Sonnenschein hast.

Das bedeutet keinesfalls, daß die amtliche Wettervorhersage falsch wäre. Sie stimmte genau – hinsichtlich der Großwetterlage.

Da dich aber das spezielle Wetter zwischen den drei Bauerndörfern, wo du dein Zelt aufgebaut hast, mehr interessiert als die globale Großwetterlage zwischen Grönland und Nordafrika, mußt du dein eigener Wetterprophet sein. Dabei helfen dir die uralten, meist in Versen überlieferten Wetterregeln der Bauern und Hirten.

**Der Wert bäuerlicher Wettersprüche**

Die Bauern und Hirten waren und sind auf Gedeih und Verderb von der Wettervorhersage in ihrem kleinen Heimatgebiet abhängig. Wenn sie Witterungsumschwünge rechtzeitig vorhersehen, können sie den Zeitpunkt der Aussaat genau vor den segenbringenden Regen legen, die Ernte rechtzeitig vor einem vernichtenden Hagel einbringen oder die Herde vor Blitzschlag bewahren. Um zu wissen, wie das Wetter in ihrer engeren Heimat, über ihren Äckern, Weiden und Almen wird, hören die Bauern nicht nur auf den Wetterbericht im Radio, sondern auch auf das Quaken der Frösche im Teich. Die Gicht in ihren Knochen sagt ihnen für die örtliche Wettervorhersage mehr als ein Wettersatellit im Weltall. Sie schauen, ob der Hund das Gras benagt oder ob der Rauch nicht aus dem Schornstein rauswill. Und wenn man einem alten Wetterspruch glauben darf, dann verlassen sich die Hirten mehr auf ihre Flöhe als auf die Meteorologen des Weltnachrichtendienstes:

Wenn der Hund das Gras benagt,
der Hirte über Flöhe klagt,
der Rauch will nicht zum Schornstein raus,
dann kommt bald Regen übers Haus.

Wetterregeln dieser Art gehen auf jahrhundertealte, mitunter jahrtausendealte Erfahrungen zurück. Es läßt sich immer wieder beobachten, daß Pflanzen, Tiere und sogar Menschen tage- oder stundenlang vor einem Wetterwechsel gewisse Besonderheiten ihres Verhaltens zeigen. Heute wissen wir, daß dies auf atmosphärische Veränderungen zurückzuführen ist, die einem Wetterumschwung vorausgehen: auf hohen oder tiefen Luftdruck etwa oder auf ein kaum merkliches Ansteigen der Luftfeuchtigkeit.
Ich weiß zwar nicht, warum die Flöhe vorm Regen den Hirten besonders beißen, aber warum alte Leute über Gicht klagen, das kann ich dir erklären. Die auf Meteoropathologie (Grenzwissenschaft zwischen Wetterkunde und Medizin) spezialisierten Ärzte haben mit klinischen Tests nachgewiesen, daß die einer Schlechtwetterfront oft tagelang vorauseilende Zone tiefen Luftdrucks bei alten und empfindlichen Menschen zu einer schmerzhaften Verschlimmerung bestehender Leiden führen kann, besonders bei Gicht. Die Bauern wußten das auch ohne klinische Tests schon seit urdenklicher Zeit, wie aus folgendem Spruch hervorgeht:

Plagt dich die Gicht,
bleibt die Sonne nicht.

**Wenn die Schwalben tief fliegen**

Ein anderes Beispiel für die Verläßlichkeit von Bauernsprüchen: Bei der vor schlechtem Wetter zunehmenden Luftfeuchtigkeit schwirren die Mücken besonders tief und belästigen das Vieh, das sich mit Schweifschlägen und Ohrenschütteln zu wehren versucht. Um die Mükken zu fangen, fliegen auch die Schwalben tief und springen die Fische aus dem Wasser. Die entsprechenden Bauernregeln hören sich so an:

Schüttelt das Vieh die Ohren,
ist gutes Wetter verloren.

Wenn die Schwalben den Boden berühren,
wirst du bald den Regen spüren.

Springende Fische
bringen Regenfrische.

Allerdings sind nicht alle Bauernregeln für die Wettervorhersage brauchbar. Ein Teil davon läßt sich auf Bannsprüche, Gewitterflüche und magische Formeln zurückführen, mit denen die »Wettermacher« und »Wetterhexen« besonders im Mittelalter Regen oder Sonne herbeizuzaubern versuchten. So interessant derlei Zaubersprüche auch dem Volkskundler sein mögen – zur Wettervorhersage taugen sie nicht. Deshalb führe ich hier nur die von Meteorologen auf ihren wissenschaftlichen Wert hin überprüften Bauernregeln – in Stichworten – auf, um dir eine »Checkliste für Wetterpropheten« zu geben.

**Checkliste für Wetterpropheten**

Die Voraussetzungen für schönes Wetter sind:

starker Tau
fallender Morgennebel
grauer Morgenhimmel
heiße Tage, kühle Nächte
in Niederungen wärmer als auf Höhen
im Wald wärmer als auf dem Feld
flimmernde Luft
hoch fliegende Schwalben
Spinnen bei der Arbeit im Netz
leuchtende Johanniswürmchen
Lerche hoch in der Luft

Frösche quaken am Abend
Grillen zirpen am Abend
Abendrot
Abendnebel
Regenbogen am Abend
Wind aus Ost

Die Voraussetzungen für schlechtes Wetter sind:

Morgenrot
tiefblauer oder hellblauer Himmel am Morgen
steigender Morgennebel
lästige Mücken
tief fliegende Schwalben
springende Fische
Nässe an Brunnen- und Wasserleitungen
feuchtes Salz
schwitzende Baumrinde, besonders die glatten Rinden der Buchen
rutschende Butter
Rauch wird niedergedrückt, will nicht aus dem Schornstein
klare Fernsicht
Berge und entfernte Gegenstände scheinen näher gerückt und klarer als sonst
besondere Helligkeit
Mond hat einen Hof
starkes Funkeln der Sterne
Birken riechen besonders stark
Gänsedistel schließt ihren Blütenkopf nicht über Nacht
Gänseblümchen, Huflattich, Sumpfdotterblume, Hahnenfuß und Sauerampfer nehmen bei Tag ihre Schlafstellung ein
Löwenzahn öffnet tagsüber seinen Blütenkelch nicht
Stiefmütterchen schließt abends die Blüte, so daß es wie verwelkt aussieht
viele Regenwürmer
Schnecken auf dem Weg
Maulwurf wirft hohe Haufen auf
Vieh schnüffelt mit emporgehaltener Nase, wehrt sich gegen lästige Mücken, drängt abends von der Weide in den Stall

Kühe fressen besonders gierig
Hunde benagen das Gras
Tauben bleiben in der Nähe des Schlages
Frösche quaken am Tage
Wind aus West oder Nordwest
Auffällige Schmerzempfindung einiger Menschen bei bestehenden Krankheiten (Gicht, Rheuma) und bei verheilten Verletzungen: Operationsnarben oder Knochenbrüche.

**Sonne bei steigendem Luftdruck**

Zusätzlich kannst du die einem Wetterwechsel meist vorausgehenden Luftdruckschwankungen auch noch technisch ermitteln: mit einem Barometer oder einem nach gleichem Prinzip funktionierenden Höhenmesser. Voraussetzung ist allerdings, daß du deine Beobachtungen mindestens einen Tag lang in gleicher Höhe machst – das Instrument also nicht bergauf oder bergab trägst. Steigender Luftdruck verheißt im allgemeinen schönes Wetter, fallender Luftdruck geht meist Regen voraus. Auffällig rasch und nicht tief fallende Barometersäule bedeutet: Gewitter!
Überschätze jedoch den Wert der technischen Luftdruckmessung nicht! Luftdruckschwankungen allein sind noch keine bedingungslosen Hinweise auf Witterungsumschwünge. Wertvoller ist die Vielzahl von natürlichen Beobachtungen. Je mehr, desto sicherer ist die Voraussage. Das Bild des bevorstehenden Wetters kannst du abrunden, wenn du die deutlichsten Wetterboten beobachtest, die dir die Natur unübersehbar vor Augen führt: die Wolken. Ihre Formen lassen wichtige Rückschlüsse zu.
Wolken sind in der »Troposphäre« (bis 11.000 Meter Höhe) schwebende Ansammlungen von Wasser- und Eisteilchen, die entstehen, wenn sich die Luftfeuchtigkeit verdichtet und unter den Taupunkt abkühlt. Sie werden in erster Linie geformt vom Luftdruck, von Luftfeuchtigkeit, Windströmungen und Temperatur. Je nach atmosphärischer Lage entstehen spezielle Wolkenformen, die Rückschlüsse auf die kommende Witterung zulassen.

Schönes Wetter verheißen kleine Haufenwolken. (Wissenschaftliche Bezeichnung: Cumulus.) Sie sind nach oben ausgebuchtet, unten meist waagrecht begrenzt und verändern die Form bei Windbewegung schnell. Gegen Abend verschwinden sie.

**Wolkentürme bei Gewitter**

Behalte sie stets im Auge! Wenn sich, speziell bei Windstille, die Haufenwolken vergrößern und die kugelige, obere Begrenzungslinie plötzlich die Form von Zacken und Türmen annimmt, während unten die Fläche waagrecht bleibt, ist ein Gewitter zu erwarten.

Gewitter werden auch angekündigt, wenn sich die gleichförmigen, verschleierten, manchmal zu Bändern verzogenen Schichtwolken (Stratus) ähnlich bizarr zu Türmen und Zacken verändern.

Gewitter verheißen ebenfalls die »Gewitterschäfchen«, die sich von üblichen Schäfchenwolken (Cirrocumulus) dadurch unterscheiden, daß sie meist schon am frühen Morgen auftreten und sich mit ihren auffallenden hellen Köpfchen aus dunkler Wolkenschicht abheben.

Die hochaufgetürmten, unten schwarz und oben etwas helleren »Gewitterwolken« (Cumulonimbus) lassen – wie der Name sagt – auf Blitz und Donner, natürlich auch auf Regen schließen.

Regenwetter verheißen folgende Wolkenformen: die bekannten Schäfchenwolken; die weißen, durchsichtigen, wie Streifen oder Schleier übers Firmament hingezogenen Federwolken (Cirrus); die vorhin beschriebenen Schichtenwolken; die schwarzen, tief herabhängenden Regenwolken (Nimbus); und alle Wolken, die Gewitter ankündigen.

**Wenn Hagel kommt**

Sollten die bei schönem Wetter üblichen Haufenwolken sich nach unten zu dunklen Wolkensäcken ausbuchten und aus ihrer oberen Begrenzung Federwolken nach allen Seiten ausstrahlen wie nach einer Explosion, dann ist ein Teufelstanz der Wetterhex' zu erwarten, mit Wolkenbrüchen, Blitz und Hagel, meist gefolgt von langdauernden Regengüssen. Wenn du zu diesem Zeitpunkt auf Wanderschaft bist, dann ist es höchste Zeit, einen Lagerplatz auszuwählen und so schnell wie möglich das Zelt aufzustellen, bevor es regnet. Denn nichts ist lästiger, als erst dann ein Lager zu beziehen, wenn der Boden schon vor Nässe trieft.

# Das Zeltlager

**Es soll immer bequem sein**

Ein Zeltlager ist meist ein herrliches Vergnügen, mit Spiel und Sport, Wettkampf und Wanderung. Es kann aber auch eine sehr ernste Angelegenheit sein: im Notfall, wenn es ums Überleben geht. Oder bei einer großen Pfadfinder-Hilfsaktion für die Obdachlosen in Erdbeben- oder Überschwemmungsgebieten.

Wie auch immer: ein Lager soll nie provisorisch, sondern stets bequem, gemütlich und ordentlich sein. In Notfällen hängen Gesundheit, Stimmung und damit auch der Wille zum Überleben ganz entscheidend davon ab, ob das Lager – in diesem Fall ist es eine unfreiwillige Notunterkunft – das Gefühl von Geborgenheit gibt oder trübselig macht. Auch beim freiwilligen Ferienlager ist es wichtig, daß du dich wohl fühlst. Denn es soll ja Spaß machen und erholsam sein, eine Belohnung für Schule oder Arbeit. Es ist aber weder Spaß noch Erholung, wenn der Sturm unablässig Regen und Rauch in dein Zelt peitscht, wenn Funken und Abfälle über den Lagerplatz wirbeln, wenn du fröstelnd mit klammen Kleidern durch Pfützen waten mußt oder über allerlei herumliegenden Krempel stolperst.

Dabei kann es durchaus behaglich sein, wenn der Regen aufs Zeltdach trommelt – vorausgesetzt, du hast alles richtig gemacht.

**Windgeschützt von Nordwest**

Beherzige deshalb diese uralten Waldläufererfahrungen:

Suche einen Platz aus, der von Nordwesten her windgeschützt ist.

Stelle dein Zelt so auf, daß der Eingang im Südosten liegt.

Errichte es auf trockenem, völlig ebenem Grasboden, keinesfalls jedoch in Mulden, auf Lehm oder Moos, denn dort sammeln sich die Pfützen.

Jedes Zelt – auch eines mit wannenartig hochgezogenem Gummiboden – soll einen etwa 15 Zentimeter tiefen Wassergraben haben, der wie eine Dachrinne das abfließende Wasser auffängt und ableitet. (Was fürs Zelt gilt, gilt auch für selbstgebaute Hütten.)

Lagere weder am Fuß einer Felswand oder einer Geröllhalde (Steinschlag!) noch unter morsch wirkenden Bäumen und Ästen, die bei Sturm niederstürzen oder abbrechen können.
Denke daran, daß ein vom Wetterwind geknickter Baum wahrscheinlich nach Südosten fällt!
Vermeide typische Schlangengebiete: vor allem sonnenbeschienene Steinhalden mit feuchtwarmem, dunstigem Untergrund.
Die Latrine wird zweckmäßig im Südosten angelegt, nicht zu nah und nicht zu weit, vor Sicht geschützt.
Wasser zum Waschen soll in der Nähe sein. Trinke es aber nur, wenn es direkt aus der Quelle sprudelt oder wenn du den einwandfreien Bachverlauf von der Quelle zum Lager ständig kontrollieren kannst. Sonst mußt du es abkochen, mindestens 15 Minuten lang!
Bei Ferienlagern ist natürlich eine nahegelegene Bademöglichkeit sehr wünschenswert.

**Vorsicht! Gift im Gras**

In zivilisierten Gegenden, wenn kein Notfall vorliegt, ist es selbstverständlich, den Grundstückseigentümer um Genehmigung fürs Zeltlager zu fragen. Erkundige dich bei dieser Gelegenheit immer danach, ob der beabsichtigte Lagerplatz in letzter Zeit chemisch gedüngt wurde. Sollte dies geschehen sein, ist Vorsicht geboten! Der Boden kann Gift enthalten. Sieh zu, daß du dann die Verpackung des Düngemittels bekommst. Dort steht meist zu lesen, ob und wie lange schädliche Rückstände zu befürchten sind. Gegebenenfalls mußt du dir mit deinen Freunden einen anderen Lagerplatz suchen.
Kläre gleich, wo das nächste Telefon ist, und schreibe dir die wichtigsten Telefonnummern auf, damit du im Ernstfall nicht lange herumsuchen mußt: Ärzte, Rotes Kreuz, Rettungshubschrauber, Bergwacht, Wasserwacht, Lebensrettungsgesellschaften, Krankenhaus, Feuerwehr, Polizei, die nächste Informationsstelle für Vergiftungsfälle und so weiter. Griffbereit soll auch Kleingeld für einen Münzapparat sein.
Wenn du dich für deinen Lagerplatz entschieden hast, dann sorge sogleich für ein Dach über dem Kopf. Es sichert vor Regen, schützt vor der Sonne und gibt gleichzeitig das wichtige Gefühl von Geborgenheit.

**Bau dir deine Hütte selbst**

Während eines Ferienlagers wirst du sicherlich im Zelt schlafen.

Solltest du aber einmal ohne Zelt kampieren wollen oder müssen, dann bau dir eine »Eingeborenenhütte«, wie sie Baden-Powell während seines Aufenthaltes in Afrika gesehen und später beschrieben hat.

Die einfachste Form besteht aus einem auf zwei Stangen gestützten Gerüst von kreuz und quer verstrebten Ästen. Das Gerüst kann sich auch an zwei Bäume lehnen oder um einen Baum herumgeschmiegt sein.

Als »Dachziegel« kannst du Baumrinde, flache Holzstücke und vor allen Dingen die Zweige oder Äste von Tannen und Fichten verwenden. Die Nadelzweige sollen verlegt werden, wie sie in der Natur wachsen: mit den Spitzen abwärts und auswärts. Auch dicht verbündeltes Schilf kannst du nehmen.

Es wäre übrigens ganz im Sinne von Baden-Powell, wenn du eine Hütte nach eigenen Konstruktionsideen baust. Deinem Erfindungsreichtum sind keine Grenzen gesetzt. Ein Beispiel zur Anregung: Die afrikanischen Zulus bauten architektonisch interessante Hütten nach Art riesiger Vogelkäfige aus langen, kreisförmig in den Erdboden gesteckten Weidenruten, die sich oben zusammenfügen. Das Gestänge wird dann mit Zweigen verflochten.

**Mach dir selbst ein Bett**

Wenn du dir ein Dach über dem Kopf gebaut hast, sollst du darangehen, für deine Schlafgelegenheit zu sorgen. Ich rate dir, keinesfalls direkt auf dem nackten Erdboden zu schlafen. Selbst der beste Schlafsack schützt dich nicht vor der heimtückischen Kälte, die vom Erdboden her kaum merklich in deinen Körper kriecht und dich sicher krank macht. Besonders die Nieren können schnell Schaden nehmen.

Deshalb sollst du auf einer Luftmatratze oder auf einem Feldbett schlafen.

Du kannst dir aber auch ein warmes, gesundes Bett selbst machen. Die Natur liefert dir genügend Material für eine schöne Matratze.

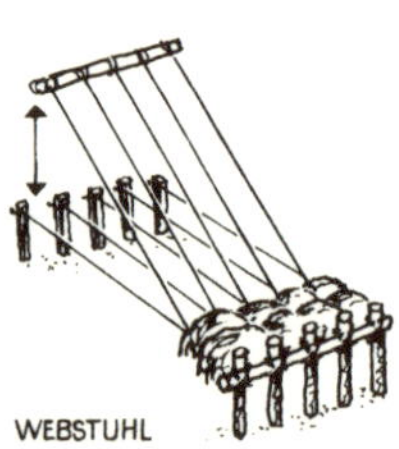

WEBSTUHL

Da wäre zunächst einmal das »Tannenbett«, das nicht nur aus Tannen-, sondern auch aus Fichten- oder Föhrenzweigen gemacht werden kann. Du beginnst damit, daß du auf dem Erdboden aus dicken Stangen ein Rechteck in Größe eines Bettrahmens bildest. Zwischen diese Stangen schichtest du dann die etwa zwanzig bis dreißig Zentimeter langen, weichen Endteile der Zweige übereinander, immer mit den Nadelspitzen nach oben. Du bekommst die schönste Matratze, die du dir vorstellen kannst, warm, weich und wohlriechend. Allerdings sollst du das Material dafür – von Notfällen abgesehen – nicht von lebenden, sondern nur von frisch gefällten Nadelbäumen schneiden.

Ist kein Kahlschlag in der Nähe, dann kannst du dir eine Matratze selbst weben.

Erst mußt du dir einen Webstuhl bauen. Das hört sich kompliziert an, ist aber ganz einfach. Mit einem Blick auf die Zeichnung (Seite 98, unten) siehst du, wie er gemacht wird. Achte nur darauf, daß die Schnüre stramm gespannt sind, dann kannst du dir leicht eine Matratze aus Stroh, Heu, Farnkraut oder Schilfgras bündeln. Das Material muß allerdings völlig trocken sein!

Einen Nachteil haben die beiden beschriebenen Betten: wenn du in ihnen etwas verlierst oder herumliegen läßt, dann kannst du lange suchen – wie nach der Nähnadel im Heuhaufen. Deshalb ist es am besten, du läßt erst gar nichts herumliegen. Ordnung ist wichtig im Lager. Sonst geht es schnell drunter und drüber.

Du kannst dir eine ganze Reihe von Gegenständen basteln, die dir helfen, Ordnung zu halten: Weidenkörbe etwa oder einen einfachen Schuhständer, Kleiderständer und Kleiderhaken, ein Gestell fürs Werkzeug oder Regale, Wäschetrockner und Kerzenhalter.

Wenn du einen Fahnenmast mit dem Lilienbanner aufstellst, dann gehört er in die Mitte des Lagers. Er soll mit Seilen in vier Richtungen gesichert sein, so daß er auch bei starkem Sturm nicht umfällt.

Sehr originell sind Totempfähle, wie sie die nordamerikanischen Indianer hatten, mit geschnitzten Reliefs und Skulpturen des Totemtieres und dazupassenden Symbolen. Schon mancher Pfadfinder hat bei dieser Arbeit seine künstlerische Ader entdeckt und Totempfähle geschnitzt, die ausstellungsreif waren. Sie sollen mindestens mannshoch sein.

SCHUHSTÄNDER

WERKZEUGGESTELL

KERZENHALTER

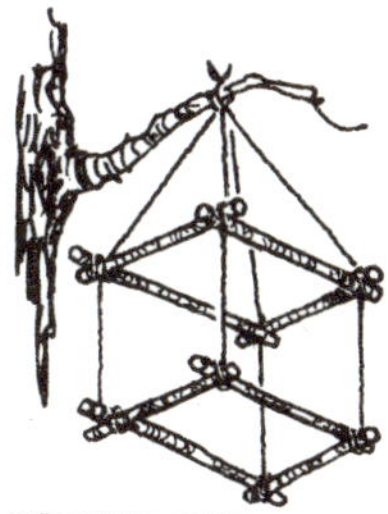

WÄSCHETROCKNER

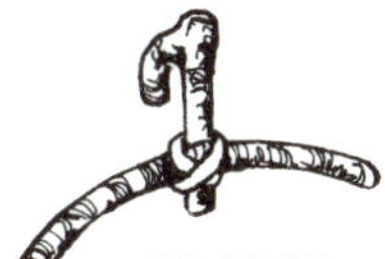

KLEIDERHAKEN

**Eine Arbeit für Künstler: der Totempfahl**

**Gutes Essen schafft gute Laune**

Wichtig für den Erfolg eines Lagers ist auch die Kochkunst. Schlechtes Essen kann sehr verdrießlich stimmen, natürlich auch krank machen. Voraussetzung für ein anständiges Essen sind gute Kochstellen.

Zunächst muß entschieden werden, ob in einem größeren Lager zentral für alle gemeinsam oder von jeder einzelnen Patrouille (Kleinstgruppe) gesondert gekocht wird. Viele Kleinküchen fördern durch die tägliche Wettkampfsituation den Einfallsreichtum bei der Menüzusammenstellung und die Qualität des Essens erheblich.

**Die Kochstelle**

Wenn du mit deinen Freunden eine Kochstelle baust, dann beachte folgendes: Sie soll so liegen, daß der meist aus Nordwest wehende Wind den Rauch nicht in die Zelte weht, aber auch die Vegetation naher Bäume nicht beschädigt.

Damit es nicht in die Kochtöpfe regnet, soll die Küche von einem in etwa zwei Meter Höhe schräg verspannten Regendach geschützt sein. Bei Dächern aus Kunststoff mußt du dich genau erkundigen, ob sie leicht brennen! Jedenfalls ist das Feuer unter einem Regendach grundsätzlich klein zu halten und besonders genau zu beaufsichtigen.

Neben die Feuerstelle gehört eine etwa kubikmetergroße, von einem Geländer gesicherte Grube für den Abfall. Die Abwassergrube ist kleiner: meist 40 mal 40 mal 40 Zentimeter. Asche und andere Verbrennungsstücke kommen in die Abwassergrube – nicht zum Abfall!

HÄNGENDE SPEISEKAMMER

Beide Gruben sollen Deckel aus geflochtenen Weidenruten haben. Nach dem Lager darf man nichts mehr von ihnen sehen: sie werden zugeschüttet und mit Rasenziegeln belegt.

Die Töpfe, Kochgeschirr und Bestecke sollen auf selbstgemachten Regalen in Sonne und Luft trocknen.

Nahrungsmittel können in »hängenden Speisekammern« gut aufbewahrt werden.

**Kochkunst über dem Lagerfeuer**

Etwas zögernd komme ich jetzt aufs Kochen selbst zu sprechen. Meine Kochkünste waren und sind nämlich sehr mäßig, und deshalb will ich darauf verzichten, dir Rezepte für Lagerküchen aus eigener Erfahrung anzubieten. Es wäre auch sinnlos, aus Kochbüchern Rezepte für Spaghetti und Nudelsuppe abzuschreiben, zumal sie auf jeder Verpackung abgedruckt sind. Einige Empfehlungen für eine gesunde Kost allerdings kann ich dir doch geben. Und dazu muß ich eine Geschichte erzählen.

**Die Story vom Meisterkoch**

Ich war damals, als junger Pfadfinder, bei der Fuchs-Patrouille. Zu Beginn eines Pfadfinderlagers stellte sich heraus, daß auch die anderen Patrouillenmitglieder keinen Nerv fürs Kochen hatten, daß wir also allesamt miserable Köche waren. Wir brauten uns in den ersten Tagen furchtbare Gemüsesuppen zusammen, die allgemeines Entsetzen hervorriefen. Bei einem Kochwettbewerb am dritten Lagertag versuchten wir die völlig geschmacklose Suppe mit erhöhter Salzdosis aufzumöbeln, was zu ihrem völligen Untergang führte und die Schiedsrichter, die kosten mußten, zu einer Bemerkung hinriß, die fortan zum geflügelten Worte wurde: »Viele Füchse verderben den Brei.«

Zwangsläufig entschlossen wir uns, auf den Gebrauch der verflixten Kochtöpfe völlig zu verzichten und viel roh zu essen: vor allen Dingen Obst und Salat, aber auch geschabtes Gemüse, das wir mit saurer Dickmilch übergossen, damit es uns nicht im Halse steckenblieb. Fleisch und Fische grillten wir über der Glut.

Als das Lager dem Ende zuging, gab es einen zweiten Kochwettbewerb.

Voll Ehrgeiz waren die Mitglieder der einzelnen Patrouillen bestrebt, mit kulinarischem Raffinement den Siegeslorbeer zu gewinnen. Überall von den vielen Kochstellen drang der Geruch von Bratensauce und Einbrenn (Mehlschwitze) zu uns.

Unsere direkten Nachbarn waren die Jungen der Gems-Patrouille, zu denen ein wahrer Meisterkoch gehörte: der Küchenlehrling eines Salzburger Feinschmeckerlokals!

Ich sehe ihn noch vor mir, ein etwas dick geratener Junge, wie er beim Kochwettbewerb dort am benachbarten Lagerfeuer zwischen Kochtöpfen und Bratpfannen umherschwebte, von höherer Eingebung beflügelt. Er schuf ein Menü ohnegleichen. Mit weihevollen Handbewegungen, die Augen wie in Trance halb geschlossen, streute er eine exakt geriebene Menge italienischen Käse über ein Gemüsegericht nach Art des südfranzösischen Ratatouille. Für die Fleischlendchen, die in einer Pfanne schmurgelten, bereitete er eine selbsterfundene Sauce, die er im Deckel eines Kochgeschirrs mit zartem Schmatzen und Schlürfen abschmeckte. Die anderen Patrouillenmitglieder mußten nach seinen Anweisungen die niederen Arbeiten verrichten – etwa Salat putzen – und wenn sie sich dabei ungeschickt anstellten, dann brach der Meister in Anfälle zorniger Hysterie aus. Als er bei der Zusammenstellung einer offensichtlich sehr komplizierten, mit vielerlei Ölen gemixten Salatsauce unsicher wurde, in Verzweiflung »alles hinzuschmeißen« drohte, da brachen wir – die kulinarischen Primitivlinge von der benachbarten Fuchs-Patrouille – in rüdes Gelächter aus.

Später, als er sein Werk beendet hatte und damit zufrieden war, erhob er sich, um an unsere Kochstelle zu treten, wo wir Karotten und Kohlrabi schabten, mit gemeiner Dickmilch übergossen und bemüht waren, das Fleisch am Spieß nicht anbrennen zu lassen. Er strafte uns mit süffisanter Schweigsamkeit, die inneres Hohngelächter verriet.

Das Lachen verging ihm dann, als die Schiedsrichter das Ergebnis des Wettbewerbs bekanntgaben: er wurde mit seiner Patrouille Zweiter. – Und Sieger wurden wir! Ich weiß, es klingt unwahrscheinlich. Wer damals im Frühjahr 1947 beim Zeltlager am Fuße des Salzburger Gaisberges dabeiwar, der wird sich noch an die allgemeine Verblüffung erinnern, als die wegen ihrer Gemüsesuppe verrufene Fuchs-Patrouille den ersten Preis errang.

**Lorbeer für rohe Karotten**

Die Schiedsrichter lobten unsere fortschrittliche Einstellung zur modernen Ernährungswissenschaft, die vitaminschonende, naturbelassene Behandlung des Gemüses und den mit bestehenden Küchentraditionen brechenden, ja kühnen Verzicht auf kalorienhaltige Saucen bei der Zubereitung von Salat und Fleisch.

Ja, so war's. Damals nämlich, zwei Jahre nach dem Krieg, gab es weder Kalorienangst noch Rohkostfimmel wie heute. Nur der Vorsitzende des Schiedsrichtergremiums – er unterrichtete Geographie und Biologie an einer Salzburger Mädchenoberschule und war ein richtiger Naturapostel – erkannte damals schon den Trend. Deshalb hat er unsere mangelhaften Kochkünste als geniale Weitsicht mißverstanden.

**Ein Rezept von Indianern und Zigeunern**

Später bereicherten wir unsere Kochkünste, der Abwechslung halber, doch noch ein bißchen. Wir rührten zwar nach wie vor keinen Kochtopf an, aber wir machten uns manchmal »Huhn im Lehm« und Fladenbrot. Es war ganz einfach (sonst wär's uns nicht gelungen): Wir kauften ein ganzes Huhn, nahmen es aus, rupften es aber nicht, sondern verpackten es mitsamt den Federn in eine Umhüllung aus leicht knetbarem Lehm und legten es in die Glut. Aus dem zu Ton gebrannten Lehm schälten wird das Huhn heraus. Es war dann bereits »gerupft«, weil die Federn im Lehm verblieben.

Dazu aßen wir Fladenbrot: Wir bereiteten einen Teig aus Wasser und derbem Mehl, Salz und etwas Hefe, formten handtellergroße Laibchen und legten sie auf einen sauberen, mit Mehl bestäubten, unmittelbar neben der Glut liegenden und glühend erhitzten Stein. Die Fläche des Steines mit dem daraufliegenden Teig soll leicht zur Glut geneigt sein.

Das »Huhn im Lehm« ist übrigens international: es war den Indianern Nordamerikas und den Zigeunern Europas bekannt.

# Jeder Pfadfinder ist ein Pionier

**Zwetschgen als Lohn für eine Brücke**

Ich erinnere mich noch, wie meine Freunde aus der Fuchs-Patrouille und ich in einem Waldstück knapp unterhalb der Salzburger Fageralm eine alte Bauersfrau sahen, die auf halsbrecherische Weise einen Bach überquerte: sie balancierte über die Fläche eines der Länge nach durchgeschnittenen Baumstammes und wagte es kaum, sich an dem morschen, windschiefen Geländer zu stützen.

Wir bauten daraufhin eine breite, mit allen Schikanen gesicherte Brücke und hatten das Gefühl, wirklich etwas geleistet zu haben. Zum Dank bestand die Bäuerin darauf, daß wir – obwohl wir zunächst nichts annehmen wollten – in ihrem Obstgarten die ins Gras gefallenen Zwetschgen auflasen und mitnahmen: das war übrigens das erste durch Arbeit erworbene »Einkommen« meines Lebens.

Heutzutage, da die Hilfsbereitschaft der Pfadfinder international organisiert ist und große Entfernungen schnell überwunden werden, kannst du derlei Pionierarbeiten mit deinen Freunden in weitabgelegenen Elendsgebieten und Entwicklungsländern leisten.

Wie du Brücken und Türme baust, das übst du am besten in den Ferienlagern. Voraussetzung dafür ist, daß du geeignetes Werkzeug und Seile hast, daß du Knoten und Bünde zu knüpfen verstehst.

**Am Seil kann dein Leben hängen**

Laß uns mit der Seilkunde anfangen.

An Seilen und Stricken kann im wahrsten Sinne des Wortes ein Menschenleben hängen. Ein schlechtes Seil kann dich töten, kann ein Brücke zum Einsturz bringen. Seile sind einem gewissen Verschleiß unterworfen, auch dann, wenn sie nicht verwendet werden und nur lagern. Sorge dafür, daß deine Seile stets trocken und sauber sind, reibe sie gelegentlich mit Vaseline ein. Prüfe vor jedem Gebrauch sorgfältig, ob sie beschädigt sind. Spätestens nach vier Jahren oder nach einer einmaligen, sehr starken Reißbelastung sind sie nicht mehr sicher. Auch wenn ein Seil gefroren war, kann es Bruchstellen aufweisen und untauglich werden. Besondere Sorgfalt mußt du dem Seil zuwenden, das einen Menschen tragen, ihn vor Absturz sichern oder eventuell auch zum Abseilen bei Notfällen dienen soll. Spare bei diesem Seil nicht. Kaufe das beste, das es gibt: Ein UIAA-geprüftes Elfmillimeter-Kernmantelseil. (UIAA = Union Internationale des Associations d'Alpinisme = Internationale Union der Bergsteiger-Verbände.) Lies auch, was ich dir auf Seite 145 übers Klettern sage!

Mit Seilen kannst du praktisch alles machen, was zur pfadfinderischen Pionierarbeit gehört. Sie ersetzen dir Schrauben und Nägel. Du mußt nur neun Knoten und drei Bünde beherrschen.

**Neun Knoten sollst du kennen**

1. Der Weber- oder Samariterknoten. Er dient zum Verknüpfen zweier gleich starker Seile und von Verbandmaterial, da er besonders flach ist und nicht drückt.
2. Der gekreuzte Weberknoten hat sich beim Knüpfen zweier ungleich dicker Seile bewährt.
3. Mit dem Anglerknoten lassen sich zwei nasse oder schlüpfrige Seile sicher verbinden.
4. Die Rettungsschlinge rutscht nicht und wird für Rettungsarbeiten verwendet.
5. Die Achterschlinge (oder der Mastwurf),
6. die einfache Gleitschlinge und

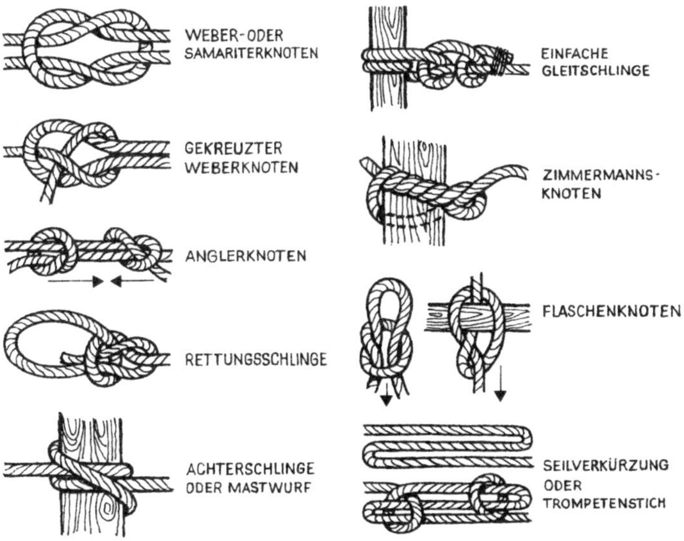

7. der Zimmermannsknoten dienen alle drei zur Befestigung eines Seiles an einem Pflock.
8. Der Flaschenknoten hat seinen Namen deshalb, weil er früher verwendet wurde, um Flaschenkorken festzubinden. Er hat sich aber auch besonders bei der Herstellung von Strickleitern, zur Befestigung der Sprossen, bewährt.
9. Mit der Seilverkürzung (oder dem Trompetenstich) kann man ein lockeres Seil verkürzen und spannen.

**Die drei Bünde**

Und jetzt die drei Bünde:

KREUZBUND

DIAGONALBUND

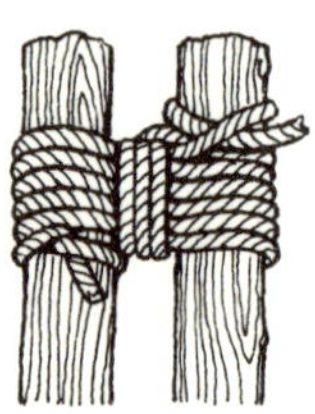

LÄNGSBUND

Der Kreuzbund: Das Seil wird mit der Achterschlinge an eine Stange gebunden und wechselweise im rechten Winkel über die kreuzweise gelegten Stangen geschnürt. Dann wird es zwischen den Stangen um diese Verschnürung im Kreis herum festgezurrt und mit einer Achterschlinge befestigt.

Der Diagonalbund: Das Seil wird mit dem Zimmermannsknoten diagonal über die x-förmig gelegten Stangen gebunden und weiter diagonal kreuz und quer geschnürt. Dann wird es wie oben, beim Kreuzbund, um diese Verschnürung herumgezurrt und mit einer Achterschlinge befestigt.

Der Längsbund: Das Seil wird mit einer Achterschlinge an einer Stange befestigt und um die parallel nebeneinanderliegenden Stangen herumgeschnürt. Weiter wie oben: Seil um die Verschnürung zurren und mit Achterschlinge befestigen.

Als Werkzeug für die Pionierarbeit brauchst du Fahrtenmesser, Axt und Säge.

Achte beim Kauf des Fahrtenmessers darauf, daß die Klinge aus erstklassigem Stahl ist und auf ganzer Länge durch den Griff läuft.

Die Schärfe des Klingenstahls prüfst du mit der Nagelprobe: sie ist richtig scharf, wenn du damit deinen Fingernagel leicht abschaben kannst. Gleitet sie darüber hinweg, taugt sie nicht. Das Beil soll eine Klinge von etwa 600 bis 800 Gramm und einen Holzgriff haben, keinen durchgehenden Griff aus Eisen! Der Eisengriff ist zu schwer und meist auch zu kurz und nimmt dem Beil das Übergewicht, das es vorne an der Klinge haben muß, um schwunghaft gehandhabt zu werden.

Beim Gebrauch des Beils sollst du darauf bedacht sein, daß niemand in der Schlagrichtung steht – auch in größerer Entfernung nicht –, weil sich der Metallteil vom Stiel lösen und wie ein Geschoß durch die Luft flitzen kann.

Wenn du eine Säge kaufst, so rate ich dir zu einer Bügelsäge, die wie ein Bogen zum Pfeilschießen aussieht, nur daß statt der Sehne ein Sägeblatt verspannt ist. Du kannst das Sägeblatt auswechseln, bevor es stumpf wird. Die Bügelsäge hat sich für Pionierarbeit der Pfadfinder am besten bewährt.

**Wie man einen Baum fällt**

Bevor du einen Baum fällst – nur mit Genehmigung des Besitzers natürlich –, solltest du zu deiner eigenen Sicherheit ziemlich hoch droben zwei Seile festbinden und in einiger Entfernung vom Stamm links und rechts der geplanten Fallrichtung am Boden verankern. Dadurch hast du eine gute Voraussetzung dafür geschaffen, daß der Baum in den Winkel der gespannten Seile und nicht nach rückwärts auf dich stürzt. Helfer können an diesen verankerten Seilen auch noch zusätzlich ziehen – aber nur dann, wenn ihr Standort vom Stamm weiter entfernt, als der Baum hoch ist!

Prüfe genau die Möglichkeiten ungehinderter Fluchtwege in alle Richtungen für den Fall, daß der Baum unerwartet früh und nicht wie vorgesehen fällt.

Deine Arbeit beginnst du, indem du auf der beabsichtigten Fallseite bis zur Mitte des Stammes einen horizontalen Schnitt sägst und ihn mit dem Beil zu einer Kerbe vergrößerst. Dann sägst oder hackst du auf der genau gegenüberliegenden Seite, etwa zehn Zentimeter höher, eine zweite Kerbe, die bis zu einem Drittel in den Stamm dringen soll. Nun müßte der Baum sich in Richtung der ersten, unteren Kerbe senken und zu fallen beginnen.

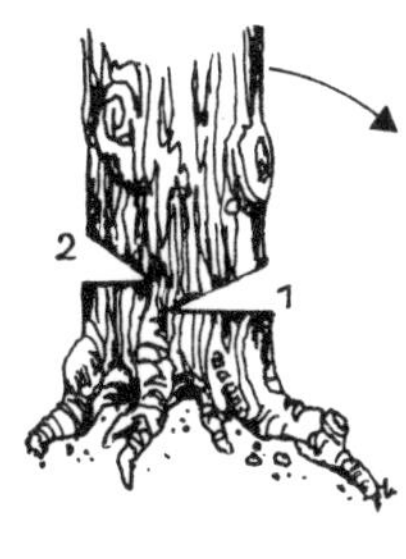


Wenn's knistert, kracht und prasselt – Baum beobachten und nichts wie weg! Auch wenn er in die gewünschte Richtung fällt. Er kann beim Sturz nach hinten ausschlagen und dich treffen, wenn du in der Nähe stehst.

Die Äste werden nicht von der Astgabel her vom Stamm geschlagen, sondern dort, wo sie zum Stamm einen stumpfen Winkel bilden.

Wenn du keine Erlaubnis zum Baumfällen bekommst, kannst du auch versuchen, bei Baugeschäften Gerüststangen und Bretter leihweise zu bekommen. Vielleicht ist der Besitzer ein Pfadfinder, dann wird er dir sicher helfen.

Die Bildtafel zeigt dir, was du als Pfadfinder mit Stangen, Brettern und Seilen alles machen kannst: Türme, Beobachtungsplateaus in Bäumen. Und Brücken aller Art: von der simplen Ein-Seil-Brücke – die du nach Art eines Faultieres, an Händen und Füßen hängend, überwindest – bis zur meisterhaften, komplizierten Konstruktion. Besonders interessant ist es, eine Brücke von nur einem Ufer aus zu bauen, sie gewissermaßen wachsen lassen, ohne Hilfe von der anderen Seite oder vom Wasser aus. Außerdem kannst du dir mit Seil, Stangen und Brettern noch Eßtische mit Sonnendächern, Stühle, ja sogar dauerhafte Hütten bauen.

Zeichne erst die Konstruktion. Bei komplizierten Bauwerken ist es zweckmäßig, vorher ein Modell aus Zwirn und Zweigen zu bauen.

# Forschungsreisen mit dem Floß

**Die Heimat kann exotisch wirken**

Wenn du Ferien am Wasser machst, an einem See oder an einem Fluß, vielleicht sogar am Meer, dann wirst du bald den Wunsch zu einer Entdeckungsreise per Boot oder Floß verspüren. Auf die Entfernung kommt's nicht an! Du brauchst nicht gleich das Meer zu überqueren wie die Wikinger, wie Kolumbus oder Thor Heyerdahl, auch deine Heimat bietet dir die Reize des Ungewöhnlichen, vorausgesetzt, du schulst deinen Blick dafür.

Wenn du beispielsweise bei Morgennebel über einen See ruderst und mit deinem Boot tief ins raschelnde Rohr eines ausgedehnten Schilfgebietes eindringst, wirst du überrascht sein, wie fremd, gleichsam verzaubert und geheimnisvoll die neue Welt dort plötzlich wirkt. Stundenlang lassen sich dann die Tiere, die im Schilf erstaunlich zutraulich sind, aus nächster Nähe studieren. Auch gibt es hierzulande in Seen und Flüssen mehr unbewohnte Inseln, als man denkt, die du mit einem Boot ansteuern und auskundschaften kannst. Und aus der Perspektive eines langsam dahintreibenden Floßes betrachtet, bietet jede Flußbiegung verblüffende Einzelheiten, die du vom Land aus sonst nicht siehst. Die Heimat kann exotisch wirken.

Ein interessantes Vergnügen ist es, im Boot oder auf dem Floß einen Fluß ab der Quelle auf voller Länge zu befahren, zwei oder drei Wochen hindurch.

**Als Baden-Powell ein Junge war**

Baden-Powell hat derlei Abenteuer als Junge wiederholt unternommen. An seine erste Reise per Boot erinnert er sich noch besonders gern: »Ich fuhr mit meinen beiden Brüdern«, schreibt er, »in einem selbstgemachten Boot aus Segeltuch so weit wie möglich die Themse hinauf, bis zu den Chilternhügeln, wo noch niemals zuvor ein Boot gewesen war. Mit Hilfe der Ruder kamen wir gut voran. Wir hatten unser Zelt dabei und gingen jede Nacht an Land, um zu schlafen und uns auf offenem Feuer das Essen zu kochen. Als wir die Quellen der Themse erreicht und erforscht hatten, trugen wir das Boot über die Wasserscheide und setzten es in einen Bach, der später breiter wurde und schließlich Avon-

Fluß hieß. Wir kamen teils auf dem Wasser, teils zu Land, über Bristol, Chepstow und die Stromschnellen des Wye-Flusses bis nach Llandogo. So waren wir von London bis nach Wales gekommen, fast durchwegs auf dem Wasser, mit vielen Abenteuern, Spaß und Unterhaltung. Es war etwas, was Ihr alle, wenn Ihr dazu Lust habt, auch machen könnt.«

Soweit Baden-Powell. Inzwischen ist viel Wasser die Themse hinuntergeflossen, und die Schiffahrtswege sind mit Vorschriften gepflastert.

**Vorschriften, Vorschriften**

Eine wichtige Vorschrift kommt sogar von den Pfadfinderverbänden selbst. Obwohl sie im allgemeinen jedem Zwang abgeneigt sind, verlangen sie von jedem Pfadfinder, daß er auf Booten oder Flößen immer eine Schwimmweste trägt. Außerdem soll mindestens ein Patrouillenmitglied ausgebildeter Rettungsschwimmer sein.

Weitere Vorschriften sind amtlicher Art. Ihr müßt bei vielen Flüssen die Genehmigung für eine Bootsfahrt einholen. In jedem Fall empfiehlt es sich, mit den zuständigen Wasser- und Schiffahrtsdirektionen oder mit der Wasserpolizei Kontakt aufzunehmen. Der Flußverlauf soll dir genau bekannt sein, damit du nicht mit deinen Freunden unvermutet über ein Wehr stürzt, an einem Felsen kenterst oder in eine Schleuse gerätst, die ganz bestimmte Abmessungen deines Floßes voraussetzt.

Wenn du den Fluß nicht durch Wanderungen oder Radfahrten vorher ausgekundschaftet hast, mußt du dich in jedem Fall nach einer Flußkarte orientieren und die in den verschiedenen Gewässern zum Teil sehr unterschiedlichen, zur Warnung aufgestellten Schiffahrtzeichen genau kennen.

Damit nicht genug.

Auf den Binnengewässern gelten die Vorschriften der Binnenschiffahrtsstraßenordnung, ein Bandwurmwort, das durch die Abkürzung BSchSo nur wenig an Einprägsamkeit gewinnt. Die BSchSo wird durch besondere Bestimmungen (für Flüsse wie Rhein, Mosel und Donau zum Beispiel) und andere örtliche Vorschriften ergänzt.

Laut Paragraph 8 der BSchSo müssen Kleinfahrzeuge den Namen und den Wohnort des Besitzers oder manchmal sogar ein amtliches Kennzeichen auf einer deutlich sichtbaren Tafel tragen. Also: in jedem Fall die zuständige Behörde fragen!

Laß dich's nicht verdrießen. Denke daran, daß die meisten Maßnahmen deiner Sicherheit dienen. Der amtliche Kram ist bald erledigt, und dann gibt's keinen Ärger mehr.

Wenn du dir nun ein Boot oder ein Floß ausleihst, kann es losgehen.

**Bau dir selbst ein Boot**

Reizvoll ist es aber auch, das Boot oder Floß selbst zu bauen.

Für harmlose Spielereien in Ufernähe eines Sees genügt es, wenn du dir aus einem Autoreifen, aus Baumpfosten oder einem Bierfaß, aus Waschtrögen oder Waschzubern einfache und lustige Boote machst. Als Reisefahrzeuge sind sie natürlich nicht geeignet.

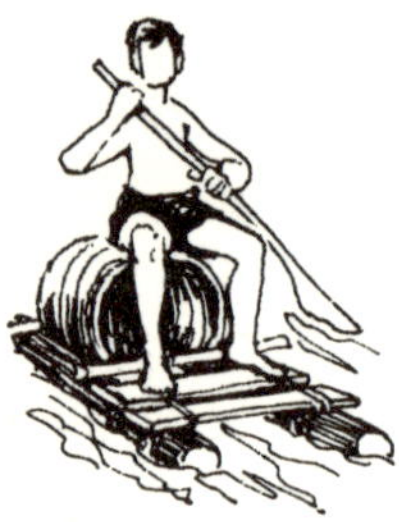

Das zu Beginn dieses Kapitels erwähnte, von Baden-Powell und seinen Brüdern für seine Flußreise gebastelte Boot war eine Art Indianerkanu. Die Indianer Nordamerikas bauten zunächst aus elastischen Zweigen, Stangen und mit Schnüren ein Gerüst in der charakteristischen Kanuform, bespannten es mit der rundum abgelösten großen Rinde einer besonders dicken Birke und verschmierten Harz in undichten Stellen. Solche Boote sind wendig im Wasser und an Land leicht zu tragen. Statt der Birkenrinde haben Baden-Powell und seine Brüder ein Segeltuch genommen. Die Ruder lassen sich ohne weiteres selbst basteln.

Kanus dieser Art sind nur für höchstens drei Personen geeignet.

Wenn eine ganze Patrouille auf Reise gehen will, mußt du dir mit deinen Freunden schon ein massives Floß zimmern. Als Material dienen dir feste Holzbalken und Fässer, eventuell auch die Schläuche von Lastwagenreifen.

Achte darauf, daß du die Tragfähigkeit des Floßes richtig bemißt. Das ist eine heikle Angelegenheit! Sie läßt sich zwar rechnerisch ermitteln, aber so ganz astrein ist die Mathematik allein in diesem Falle nicht.

Man geht davon aus, daß die Schläuche zweier Lastwagen hundert Kilo tragen, also kann man errechnen, daß für soundso viele Floßfahrer soundso viele Reifen benötigt werden. Die ganze Mathematik aber fällt ins Wasser, wenn auch nur einer dieser Reifen platzt.
Die Tragkraft von Holzbalken und Fässern läßt sich ebenfalls mathematisch genau ermitteln – nicht errechnen aber kann man, wieviel an Tragfähigkeit die einzelnen Balken einbüßen, wenn sie sich erst einmal mit Wasser vollgesogen haben. Vor allen Dingen aber kann man nicht feststellen, wie unberechenbar ein Floß sich verhält, wenn das eine oder andere Bierfaß bricht oder Metalltonnen leck werden. Die folgenden Formeln sind daher nur mit Vorsicht anzuwenden!
Formel für Holzbalken: Die Zahl der Kubikmeter des verarbeiteten Holzes dividiert durch fünf ergibt die Tragfähigkeit in Tonnen.
Formel für Fässer: Inhalt in Litern minus Eigengewicht ergibt die Tragfähigkeit in Kilo.

**Sicherheit zuerst!**

Nimm nie das Minimum an Material, sondern mindestens die doppelte, bei Metallfässern die dreifache Menge! Probieren geht hier über Studieren. Verlaß dich nicht auf die mathematische Formel, sondern prüfe die Tragfähigkeit des Wasserfahrzeugs, indem sich probeweise doppelt so viele Pfadfinder draufstellen wie schließlich mitfahren – bei Metallfässern dreimal so viele. Mach mit deinen Freunden Kenterproben und Seenotübungen nahe einer vertrauten Uferstelle. Nur so kannst du dafür sorgen, daß im Ernstfall alles klappen wird.
Zu beachten ist, daß ein von der Strömung im Fluß getriebenes Floß nicht nur hinten, sondern auch vorne gesteuert werden muß, und zwar mit zwei langen Rudern, die am vordersten und hintersten Querbalken des Floßes drehbar befestigt werden. Wenn die Steuermänner nicht gut aufeinander eingespielt sind, fährt das Floß, wohin es will – nur nicht dorthin, wo ihr es haben wollt. Deshalb empfiehlt es sich dringend, das Ablegen, Landen und Steuern vorher an ungefährlicher Stelle ausgiebig zu trainieren.

Solltest du dein Floß mit einem Segel bestücken, dann

RAHSEGEL

SPRIETSEGEL

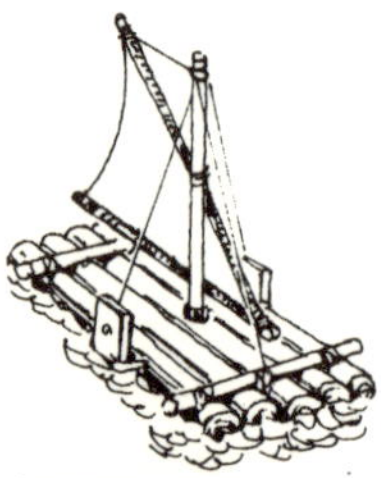
LATEINERSEGEL

muß es – wie jedes Segelboot – ein Schwert (Flosse unter dem Boot) haben, um nicht abgedriftet zu werden. Das Schwert in der Mitte des Bootes zu montieren ist ziemlich schwierig, es empfiehlt sich daher, links und rechts je ein Schwert zu befestigen, um das Floß manövrierfähig zu machen.

Für die Takelage gibt es fertige Segeltücher und Segelstangen. Du kannst aber auch mit einer viereckigen Zeltplane, einer Decke oder einem Tischtuch brauchbare Segel wie die Eingeborenen machen. Sie heißen in der modernen Seemannssprache Rahsegel oder Sprietsegel. Aus einer dreieckigen Zeltplane läßt sich ein sogenanntes Lateinersegel herstellen.

Unterschätze die Kunst des Segelns nicht! Auch ein Floß ist schnell umgeschmissen, wenn man nicht segeln kann. Wenigstens einer von euch sollte einen Grundkurs absolviert haben und sich auskennen, sonst werdet ihr mehr schwimmen als segeln. Es empfiehlt sich, alle Dokumente und das Logbuch wasserdicht zu verpacken und an ein Stück Holz zu binden, damit nichts untergeht, wenn das Floß kentert.

Ins Logbuch solltest du eine Landkarte des Flußverlaufes einzeichnen, Fotos einkleben und verschiedene Entdeckungen notieren, die du vom Wasser aus und bei Nachtlagern an Land gemacht hast.

**Die Welt am Wasser**

Da die Flüsse auch hierzulande streckenweise durch unwegsame, der Wildnis vergleichbare Naturgebiete fließen, kannst du bei deiner Reise die Wasservögel besonders gut beobachten, die Frösche und Fische oder die Tiere des Waldes, die zur Tränke kommen. Sprich mit Menschen, die am Fluß leben, mit Anglern, Schleusenwärtern, Fischerwirten und Wassersportlern. Du wirst staunen, was sie dir alles von ihrer Welt am Wasser erzählen können. Interessant und lehrreich, wenn auch sicherlich sehr deprimierend ist es, zu prüfen, wie sich die Pflanzen und Tiere dort verhalten, wo Abwässerkanäle von Städten oder Industriewerken in den Fluß münden. Solltest du während deiner Reise angeln dürfen, so empfiehlt es sich nicht, an diesen Stellen die Fische zu fangen, die du abends am Lagerfeuer grillen wirst. Schwimm auch nur in sauberem Wasser!

Wenn ihr euch auf mehreren Flößen auf die Reise begebt, so wählt einen von euch, der geeignet ist, das Kommando für den ganzen Konvoi zu übernehmen. Die Verständigung von Floß zu Floß auch außerhalb der Rufweite ist für Pfadfinder kein Problem. Denn jeder von euch beherrscht die in der Schiffahrt traditionelle Methode der Nachrichtenübermittlung: das Morsesystem.

# Morsesignale und Semaphor-System

**Punkte und Striche, die Menschen retten**

Das Morsesystem ist eine von dem nordamerikanischen Kunstmaler und Erfinder Samuel Morse (1791–1872) ursprünglich für die Telegrafie ersonnene, aus Strichen und Punkten zusammengesetzte Zeichenschrift, die heute auf dem ganzen Erdball gilt.
Als Pfadfinder lernst du die Morsesignale für Spiel und Wettkampf – aber auch für den Ernstfall. Wenn du selbst in Not gerätst oder einem in Gefahr befindlichen Menschen helfen willst, so ist das Morsesystem mitunter die einzige Möglichkeit, um lebenswichtige Nachrichten zu übermitteln. Es gehört zum Grundprogramm jeder Survival-Ausbildung. Forschungsreisende und Expeditionsteilnehmer lernen es in ihrem eigenen Interesse. Alle Piloten, Schiffsoffiziere, Funker und Astronauten müssen es beherrschen, denn es dient auf der ganzen Welt zur Nachrichtenübermittlung im internationalen Flug- und Schiffsverkehr. Tausende von Kapitänen und Piloten werden jährlich über Funk mit den kurzen und langen Piepstönen der Morsesignale vor Wirbelstürmen gewarnt oder aus den Hexenkesseln katastrophaler Wetterverhältnisse herausgelotst. Wenn ein Schiff in Seenot gerät, löst der Funker eine internationale Rettungsaktion aus, indem er die wohl bekanntesten Signale des Morsealphabets in den Äther sendet: SOS (Save Our Souls = Rettet unsere Seelen).
Und das sind alle Morsesignale, die du kennen mußt:

*Buchstaben:*

| | | | | | |
|---|---|---|---|---|---|
| a | ·– | i | ·· | r | ·–· |
| ä | ·–·– | j | ·––– | s | ··· |
| b | –··· | k | –·– | t | – |
| c | –·–· | l | ·–·· | u | ··– |
| ch | –––– | m | –– | ü | ··–– |
| d | –·· | n | –· | v | ···– |
| e | · | o | ––– | w | ·–– |
| f | ··–· | ö | –––· | x | –··– |
| g | ––· | p | ·––· | y | –·–– |
| h | ···· | q | ––·– | z | ––·· |

*Zahlen:*

1 · – – – –
2 · · – – –
3 · · · – –
4 · · · · –
5 · · · · ·
6 – · · · ·
7 – – · · ·
8 – – – · ·
9 – – – – ·
0 – – – – –

*Satzzeichen:*

Punkt · – · – · –
Komma – – · · – –
Fragezeichen · · – – · ·
Apostroph · – – – – ·

*Sendezeichen:*

Irrung · · · · · · · ·
Verstanden · · · – ·
Schlußzeichen · – · – ·

Am besten behältst du die auswendig gelernten Signale, wenn du jeden Tag ein paar Sätze im Morsesystem niederschreibst. Du machst hinter jedem Buchstaben einen Schrägstrich und hinter jedem Wort zwei Schrägstriche. Das sieht dann so aus:

· – – – / · / – · · / · / · – · / / · – – · / · · · – / · – / – · · /
· · – · / · · / – · / – · · / · / · – · / / – · – / · – / – · / – · / /
– – / – – – / · – · / · · · / · / – · / /

**Pfiffe und Rauchsignale**

Am einfachsten ist es, die Morsesignale mit der Trillerpfeife zu geben. Du solltest daher immer eine mit dir führen. Wenn du keine hast und in Not bist, kannst du dir eine Pfeife aus Weidenholz selbst schnitzen. Wie du das machst, erfährst du im Kapitel »Wenn's gefährlich wird« auf Seite 137.
Auf besonders große Entfernung bieten sich zum Morsen die Rauchsignale an: Du wirfst in ein Feuer frisches Gras oder Laub, so daß es qualmt, aber nicht völlig erstickt wird. Die aufsteigenden Rauchwolken kannst du mit einer feuchten Zeltplane, einer Decke, eventuell auch einem Mantel oder einer Jacke kurz oder lang abdecken. Die dabei kürzer oder länger emporsteigenden Rauchsäulen ergeben die einzelnen Buchstaben.
Nachts machst du es ähnlich mit einem Feuer: Du gibst

Lichtsignale, indem du die Flammen in Sichtrichtung zu deinem Partner mit einer Zeltplane kürzer oder länger abschirmst.
Bei Dunkelheit lassen sich auch mit einer Taschenlampe die Signale geben. Wenn du eine kaufst, dann achte darauf, daß sie eine Signaltaste zum Morsen hat.
Für Tag und Nacht eignen sich Flaggensignale. Dazu brauchst du nicht unbedingt eine Flagge, du kannst auch dein Halstuch, dein Hemd, einen buschigen Zweig, eine Fackel verwenden. Es gibt zwei Möglichkeiten:
Entweder du nimmst eine Flagge in eine Hand und streckst den Arm waagrecht neben dir aus. Wenn du ihn senkrecht über den Kopf hebst und wieder in die Ausgangslage zurücksenkst, bedeutet das: Punkt. Wenn du die Flagge im Halbkreis über dem Kopf schwenkst, bedeutet das: Strich.
Oder du nimmst zwei Flaggen: In der Grundstellung sind beide Arme gesenkt. Eine Flagge waagrecht gehoben bedeutet: Punkt. Zwei Arme waagrecht gehoben bedeutet: Strich.
Das Semaphor-System (Semaphor heißt im Griechischen »Zeichenträger«) beruht auf beidhändigen Flaggensignalen, wobei der Buchstabe durch eine besondere Winkelstellung der Arme gekennzeichnet ist. Du brauchst das Semaphor-System nicht auswendig können. Aber griffbereit haben solltest du die Zeichen doch.

Die Buchstaben von A bis I ersetzen die Zahlen 1 bis 9, und der Buchstabe K bedeutet die Zahl 0, wenn du vorher das Zahlenzeichen gibst. Willst du dann wieder aufhören, Zahlen zu senden, mußt du das Zeichen für den Buchstaben J geben. Signale für das Morse- und Semaphor-System sind übrigens gut geeignet für Geheimschriften, um verschlüsselte Nachrichten weiterzugeben, die nur eingeweihte Freunde verstehen sollen.

# Geheimschrift und unsichtbare Tinte

**Seit Jahrtausenden wird verschlüsselt**

Seitdem es Schriftzeichen gibt, gibt es auch Geheimschriften. Denn berechtigt und natürlich ist der Wunsch jedes einzelnen Menschen, gewisse Nachrichten geheimzuhalten und nur einem bestimmten Kreis von Eingeweihten zugänglich zu machen.
Deshalb werden seit Jahrtausenden alle nur möglichen Geheimschriften erfunden. Das einfachste System besteht darin, die Buchstaben einer Mitteilung nach einem vorher vereinbarten System innerhalb der üblichen Buchstabenreihen zu verschieben und dadurch eine Nachricht zu verschlüsseln.
Vom römischen Kaiser Augustus sind solche Geheimbefehle erhalten, die er in der siegreichen Seeschlacht von Aktium – 31 vor Christus – durch Kuriere seinen Heerführern übermitteln ließ.
Die heutzutage von den einzelnen Staatsregierungen oder im internationalen Handel für streng vertrauliche Botschaften verwendeten Chiffreschriften sind vom Computer verschlüsselt und so kompliziert, daß sie sich vom menschlichen Verstand überhaupt nicht mehr enträtseln lassen. (Das in vielen europäischen Sprachen gebräuchliche Wort Chiffre kommt aus dem Arabischen und bedeutet: Geheimzeichen.)
Wenn du mit deinen Freunden eine Geheimschrift vereinbarst, dann soll sie einesteils so einfach sein, daß ihr nicht zuviel Zeit aufwenden müßt, um sie zu verschlüsseln und zu entschlüsseln. Andererseits soll sie sich von Außenstehenden nicht dechiffrieren lassen.

**Des Kaisers Geheimschrift taugt nichts**

Deshalb ist die von Kaiser Augustus beim Sieg von Aktium gewählte Methode der Buchstabenverschiebung für euch zu simpel. Ich will diese im ersten Augenblick gewiß überheblich klingende Behauptung gleich beweisen.
Laßt uns einmal einen Text nach dem System der Buchstabenverschiebung verschlüsseln.
Du schreibst das ABC zunächst wie üblich auf, dann mit einer Verschiebung von beispielsweise vier Buchstaben noch einmal darunter:

a b c d e f g h i j k l m n o p q r s t u v w x y z
d e f g h i j k l m n o p q r s t u v w x y z a b c

Oder: Du schreibst das ABC rückwärts darunter:

a b c d e f g h i j k l m n o p q r s t u v w x y z
z y x w v u t s r q p o n m l k j i h g f e d c b a

Nun verschlüsselst du deine Nachricht, indem du für jeden Klartext-Buchstaben immer den darunterstehenden Buchstaben nimmst. Dadurch entsteht ein Kauderwelsch, von dem viele Schlaumeier stolz glauben, daß es sich nicht dechiffrieren läßt.

**So leicht löst man ein Geheimnis**

Ein heller Kopf aber knackt den Schlüssel wie nichts. Aus der Häufigkeit der vorkommenden Buchstaben und Buchstabenkombinationen lassen sich nämlich schnell Rückschlüsse ziehen. Der Buchstabe »e« beispielsweise kommt in allen Sprachen am häufigsten vor (deshalb ist er auch ein Punkt im Morsesystem). Wenn also der Buchstabe »h« im Geheimtext am häufigsten zu finden ist, liegt der Schluß nahe, daß er den Buchstaben »e« ersetzt. Taucht dann das »h« in einem aus drei Buchstaben bestehenden und häufig vorkommenden Wort am Anfang auf – bei »hlq« etwa –, so ist anzunehmen, daß es sich im Klartext um den unbestimmten Artikel »ein« handelt. Das aber bedeutet: »l« ist »i«, »q« ist »n«.

Nun braucht man nur noch zu prüfen, nach welchem System vor- oder rückwärts diese drei Buchstaben jeweils im ABC verschoben sind – und schon läßt sich die geheime Nachricht dechiffrieren. In diesem Fall nach der oberen Doppelreihe.

Die Buchstabenverschiebung erwähne ich hier deshalb, weil sie die älteste und heute noch am meisten gebräuchliche Methode der Geheimschriften ist. Wenn dir, bei einem Wettkampf beispielsweise, ein verschlüsselter Text der gegnerischen Mannschaft in die Hände fällt, dann ist die Wahrscheinlichkeit groß, daß du ihn nach der soeben beschriebenen Methode schnell knakken kannst.

Du selbst solltest natürlich deine geheimen Botschaften nicht nach diesem System verschlüsseln.

**So macht man Buchstabensalat**

Besser ist es schon, du schreibst eine Mitteilung von links nach rechts in Form eines Rechtecks, dessen Abmessung in Buchstaben du vorher mit deinen Freunden vereinbart hast, und gibst den Text von oben nach unten gelesen weiter. Beispiel:

p f a d f i n d e r
s o l l e n m o r s
e n k ö n n e n g k

Der Text »Pfadfinder sollen morsen können« (und zwei beliebige Buchstaben als Lückenfüller) heißt dann:

psefonalkdlöfeninnnmedonergrsk

An diesem Buchstabensalat wird einer, der deine Nachricht entschlüsseln will, schon ganz schön zu beißen haben. Nur wer die Abmessung des Rechtecks – in unserem Fall 10 × 3 – kennt und die Buchstaben von oben nach unten einträgt, kann den Text von links nach rechts sogleich dechiffrieren.

**Tinte aus Zwiebelsaft**

Eine andere Möglichkeit der geheimen Nachrichtenübermittlung ist der Gebrauch von Geheimtinte, die zunächst unsichtbar ist und bei Erwärmung – wenn der Brief sachte ans Feuer gehalten wird – plötzlich erscheint. Solche Tinten liefert die Natur in reicher Menge: Buttermilch, Zwiebelsaft, Zitronensaft, Salzwasser und wäßrig verdünntes Eiklar von Hühnereiern.

Besonders elegant, außerdem schnell und zuverlässig läßt sich eine Botschaft verschlüsseln, wenn man die Zeichen des Morsesystems nützt:

Du kannst beispielsweise die Striche und Punkte des Morsealphabets mit großen und kleinen Schriftzügen zeichnen. Das sieht dann wie sinnloses Gekritzel aus – tatsächlich steckt eine geheime Nachricht dahinter. Das Wort Pfadfinder sieht so aus:

·——·/··—·/·—/—··/··—·/··/—·/—··/·/·—·

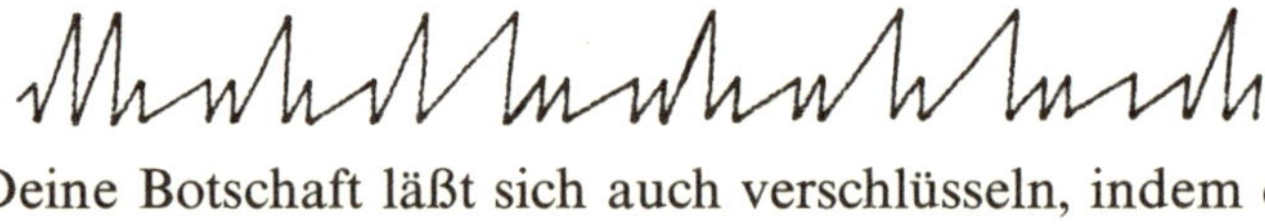

Deine Botschaft läßt sich auch verschlüsseln, indem du einfache und doppelte Knoten in einen Strick machst. Einfacher Knoten bedeutet: Punkt. Doppelter Knoten:

Strich. Auf diese Weise kannst du Buchstaben des Morsesystems knüpfen. Der Vorteil ist, daß kaum einer den Verdacht faßt, daß dieser verknotete Strick ein Geheimbrief sein könnte.

**Mysteriöse Melodie aus Morsezeichen**

Bei folgendem, recht raffiniertem System kommt ein Außenstehender ebenfalls kaum auf die Idee, daß es sich um eine geheime Botschaft handelt. Du zeichnest auf ein Notenblatt Halb- und Viertelnoten, die keine Melodie ergeben müssen. Die offenen Halbnoten bedeuten Striche, die vollen Viertelnoten Punkte. Die Buchstaben werden durch Taktstriche getrennt. Vergiß nicht vorne den Notenschlüssel, damit es echt aussieht. Das Wort Pfadfinder liest sich dann z. B. so:

•——• | ••—• | •— | —•• | ••—• | •• | —• | —•• | • | •—•

Der Mißklang wird jedem, der diese Noten zu spielen versucht, die Haare zu Berge stehen lassen. Der Sinn des Notenbildes aber bleibt ihm sicherlich verschlossen. Auch das Semaphor-System kannst du als Geheimschrift verwenden, wenn du die gezeichneten Winkelformen der beidhändigen Flaggensignale aneinanderreihst, so daß sich ein scheinbar wirres Gekraxel ergibt. Versuche das am Rand abgebildete Wort zu entziffern!

Aus den hier aufgezeigten Chiffriersystemen lassen sich noch andere Möglichkeiten für spezielle Situationen weiterentwickeln. Denk dir besondere Umstände aus, und spiele sie mit deinen Freunden in Wettkämpfen durch. Erfinde dann von Fall zu Fall die geeigneten Methoden der geheimen Nachrichtenübermittlung. Du wirst staunen, was euch alles einfällt.

Baden-Powell selbst lieferte einmal einen Beweis für solchen aus der Not geborenen Erfindungsgeist. Als er mit einem befreundeten Offizier in Gefangenschaft geriet und kein Wort sprechen durfte, befiel ihn plötzlich eine nervöse Augenkrankheit, die sich darin äußerte, daß ein Lid ständig flatterte: kurz – lang – kurz – kurz – lang ... Der Freund verstand die Morsesignale, und da sich die beiden Männer auf diese Weise lautlos verständigen konnten, gelang ihnen kurz darauf die Flucht.

# Spurenlesen und Naturkunde

**Gute Fährtenleser leben länger**

Spurenlesen ist eine Kunst. Früher galten alle Eingeborenen, besonders die Indianer, aber auch die weißen Trapper und Waldläufer des Wilden Westens als Meister auf diesem Gebiet. Sie brauchten weder Hunger noch Durst zu fürchten. Wer den Fährten der Tiere nachzupirschen verstand, dem ging das Fleisch nie aus. Wer die Spuren eines Wildwechsels richtig beobachtete, der fand auch in wildfremder Einöde zur Wasserquelle. Und wer menschliche Fährten lesen konnte, durchschaute rechtzeitig die böse Absicht eines Fremden, der ihm nach dem Leben trachtete. Gute Fährtenleser lebten länger.

Auch heutzutage steht die Kunst des Spurenlesens noch in hohem Ansehen, besonders bei Jägern, Tierfilmern, Forschern und auch bei Kriminalbeamten. In jeder größeren Polizeidienststelle gibt es eine eigene »erkennungsdienstliche Abteilung«, deren Beamten auf Spurensicherung spezialisiert sind. Manchmal bedienen sie sich moderner Verfahren zur Verfolgung von Verbrecherfährten, doch meistens arbeiten sie nach Methoden, die seit Jahrzehnten überliefert wurden.

**Beobachten und kombinieren**

Baden-Powell empfahl, die Kunst des Spurenlesens bei Sport und Spiel zu lernen. Er sah den Sinn des Spurenlesens vor allem in der Schulung von Beobachtungsgabe und Kombinationsfähigkeit.

Diese Talente werden gefordert, wenn es zum Beispiel gilt, aus einer Fahrradspur herauszulesen, in welcher Richtung der Radler fuhr. Das ist gar nicht so einfach. Die Reifenspur scheint nämlich in beide Richtungen völlig gleich zu verlaufen. Doch bei einiger Überlegung ergeben sich brauchbare Anhaltspunkte. Stellen wir uns einmal vor, wie es war, als das Rad über die Unebenheiten des Weges hinwegrollte: Wenn es in voller Fahrt von einer kleinen Anhöhe, von einer Bodenwelle etwa, herunterkam, dann setzte es für einen Augenblick wuchtig auf, und dabei drückte sich der Reifen kurz in die Breite. Also liegt die verbreiterte Reifenspur in der Fahrtrichtung hinter der Bodenwelle!

Auch die kleinen Steine, die unter dem rotierenden Reifen aus ihrer üblichen Lage herausgeschleudert wurden, lassen Rückschlüsse zu: logischerweise flogen sie nach rückwärts – also entgegen der Fahrtrichtung!
Wenn ein Mensch zu Fuß ging, so müssen später die Schuhspitzen nicht unbedingt seine Fluchtrichtung verraten. Wer sich gejagt fühlt, schreitet nämlich möglicherweise rückwärts, um den Verfolger in die Irre zu führen. Für den erfahrenen Fährtenleser ist allerdings ein derartiger Bluff schnell durchschaubar: erstens aus der kurzen, unsicheren und unregelmäßigen Schrittfolge und zweitens daran, daß die Zehenpartie der Füße vermehrt belastet und die Fersen nur undeutlich, mitunter gar nicht aufgesetzt wurden. Die Spur eines schnell laufenden Menschen zeichnet sich dadurch aus, daß unter den Schuhsohlen einzelne Steinchen nach rückwärts geschleudert wurden. Außerdem sind die Abstände zwischen den Fußabdrücken auffallend weit.

**Die Geschichte vom Mord in Elsdon**

Besondere Aufmerksamkeit soll man – so Baden-Powell – allen Eigenheiten eines Schuhabdrucks zuwenden, dem Muster der Profilsohle etwa oder vereinzelt ausgebrochenen Nägeln. Wie wichtig das sein kann, schildert Baden-Powell in seinem Bericht über einen Hirtenjungen namens Robert Hindmarsh, der in einem nordenglischen Moorgebiet an einem rastenden, mit ausgestreckten Beinen am Boden sitzenden Landstreicher vorbeiging und unauffällig das seltsame Nagelmuster an dessen Schuhen beobachtete.
Als Robert sich nach längerem Fußmarsch seinem Wohnort Elsdon näherte, erfuhr er, daß die Witwe Margaret Crozier in ihrem Häuschen ermordet worden war. Er begab sich zum Tatort, wo die Kriminalbeamten alle Spuren sicherten und unter anderem im weichen Erdreich des Gartens Fußabdrücke untersuchten, die der Mörder hinterlassen hatte. Robert Hindmarsh bat darum, diese Fußabdrücke sehen zu dürfen, und stellte fest, daß es sich um dasselbe Nagelmuster handelte, das er vor kurzem im Moor an den Schuhen des Landstreichers beobachtet hatte. Er führte daraufhin eine Polizeistreife zurück ins Moor, zum Rastplatz des Verbrechers. Der war inzwischen aufgebrochen und

weitergewandert. Doch der Hirtenjunge, mit der Natur und den Örtlichkeiten vertraut, verfolgte an der Spitze der Kriminalbeamten die Fährte so lange, bis der Täter gefaßt war.
Wenn sich der Schuh eines Verdächtigen besonders deutlich in den Boden zeichnet, dann pflegen Kriminalisten davon einen Gipsabdruck als Beweismaterial zu machen. Sie säubern die Spur, umgeben sie mit einer Manschette aus biegsamem Karton und gießen flüssigen Gips drüber. Nach einer halben Stunde ist der Gips hart und der Abdruck fertig.

**Nimm dir Tierspuren mit nach Hause**

Diese bewährte kriminalistische Methode empfahl Baden-Powell, um Tierspuren auszugießen. Du kannst dir mit dieser Methode eine ganze Sammlung von Fährten anlegen.
Auf der folgenden Bildtafel sind die wichtigsten Fährten abgebildet, so daß du gleich weißt, welchem Tier du auf der Spur bist.
Wenn du eine Spur oder einen Wildwechsel verfolgst, um die Eigenheiten eines Tieres auszukundschaften, dann tritt nie in die Fährte, sondern geh daneben her. Sonst irritierst du mit dem menschlichen Geruch deiner Fußabdrücke die anderen Tiere, die sich dann neue Wege und Wildwechsel suchen müssen. Achte darauf, daß du dich »gegen den Wind« an ein Tier heranpirschst, damit es dich nicht wittern kann*.
Beobachte die Eigenheiten der Tiere, wo sie ihre Tränke haben, ihre Futterstellen, wie sie flüchten und wie sie

* Hier ein grundsätzliches Wort zum Naturschutz. Er ergibt sich für einen Pfadfinder von selbst, deshalb kann ich mich kurz fassen. Wenn du die Natur beobachtest, mußt du darauf achten, daß Tiere nicht beunruhigt oder scheu gemacht werden. Jagen und fischen darf nur, wer einen Jagdschein besitzt oder geprüfter Fischer ist. Viele Pflanzen sind geschützt, die bekanntesten: Enzian und Edelweiß, Lilien, Seerosen, Schlüsselblumen, Schneeglöckchen und Leberblümchen. Beeren und Pilze sind frei. Sträucher und Hecken stehen unter Naturschutz, weil sie als Nist- und Brutstätten der Vögel dienen. Zelte aufbauen oder Bäume fällen und dergleichen darfst du nur mit Genehmigung des Grundbesitzers, es sei denn, eine Notsituation liegt vor: Stangen für eine Tragbahre beispielsweise kannst du natürlich absägen, ohne lange zu fragen. Geschützte Arzneipflanzen dürfen für Erste-Hilfe-Zwecke ebenfalls verwendet werden.

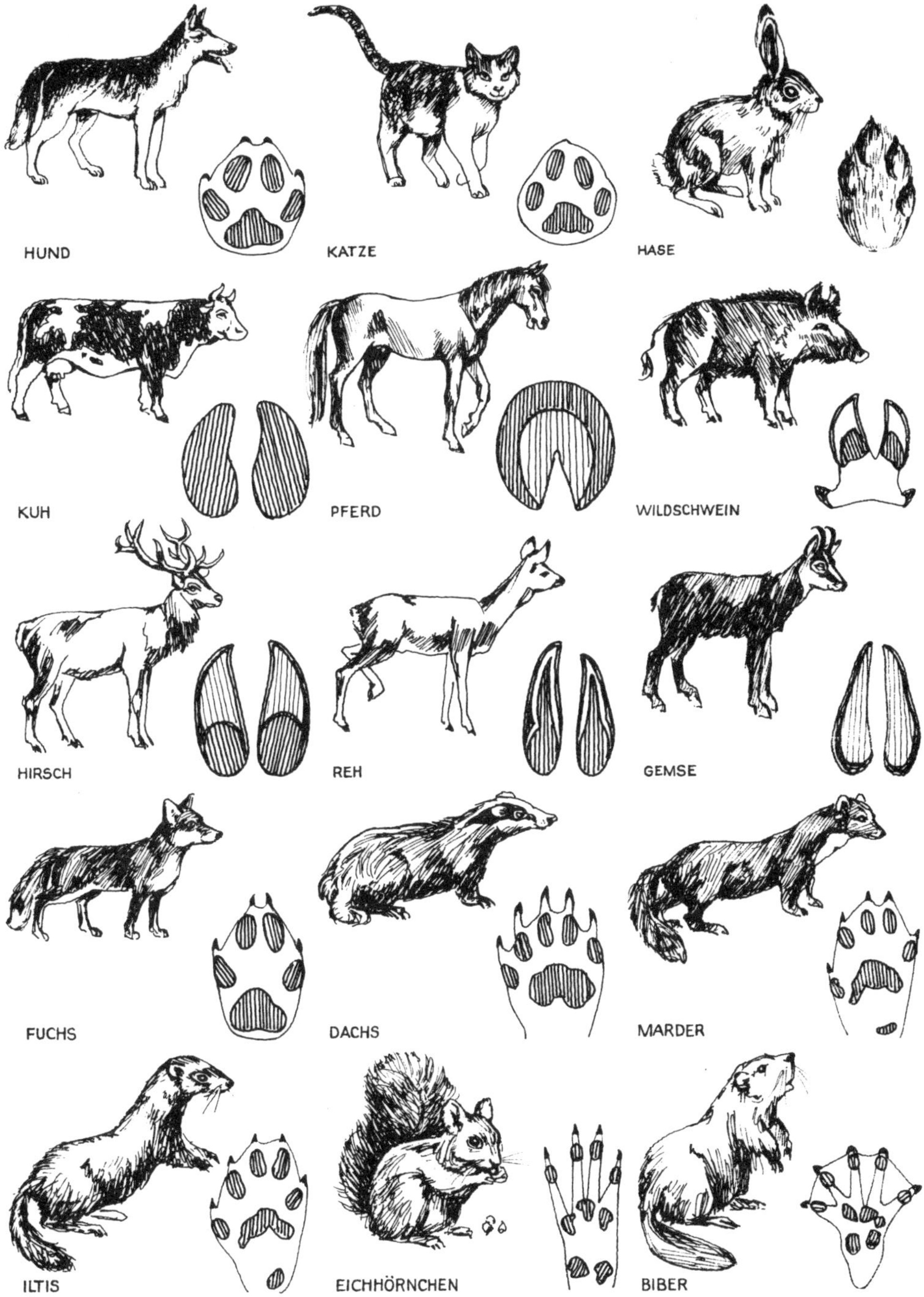
HUND
KATZE
HASE
KUH
PFERD
WILDSCHWEIN
HIRSCH
REH
GEMSE
FUCHS
DACHS
MARDER
ILTIS
EICHHÖRNCHEN
BIBER

sich anschleichen. Bei einem flüchtenden Wild formieren sich die sonst regelmäßig verteilten Fußabdrücke meist zu Vierergruppen. Außerdem sind bei Hirsch, Reh, Elch, Gemse und Wildschwein die Schalen (Hufe) vermehrt gespreizt und die hinteren Zehen deutlich eingedrückt.

Interessant ist die Spur des Fuchses. Wenn er ruhig dahinzieht, im Schritt oder Trab, so scheint er auf einer Linie zu balancieren. Seine Pfotenabdrücke wirken wie aufgezogen auf eine Perlenschnur, man sagt daher in der Jägersprache, daß der Fuchs »schnürt«. Beim Anschleichen setzt er die Pfoten nebeneinander auf. Er tritt kürzer, nervöser, die Krallen dringen ins Erdreich, und man spürt, wie er vor Spannung gleichsam vibriert. Ist Meister Reinecke selbst auf der Flucht, dann verwischt sich seine Fährte zu undeutlichen Pfotenabdrücken.

**Am Gesang erkennt man die Vögel**

Vogelspuren sind nur am Wasser, im Lehm oder im Schnee gut sichtbar und eignen sich natürlich kaum zur Verfolgung. Du mußt die Vögel in der Luft beobachten. Die wichtigsten Unterscheidungsmerkmale sind die Farben des Gefieders, ihre Größe und ihr Gesang. Einige Vögel haben sogar ihren Namen von der Art, zu schreien oder zu singen: der Kuckuck etwa, der Fink, die Krähe, der Uhu, der Star oder der Stieglitz. Wenn du in der Natur bist, vergeht kaum eine Minute, in der nicht ein Vogel singt. Hör dir dieses Konzert einmal bewußt an. Damit du die einzelnen Vögel auseinanderhalten kannst, beschreibe ich hier (alphabetisch geordnet) einige, die bei uns häufig vorkommen. Zwangsläufig kann es nur eine Auswahl sein, denn es gibt mehrere hundert Vogelarten.

AMSEL

BACHSTELZE

Amsel: schwarz oder dunkelbraun. 25 Zentimeter groß, Ruf: zui-zui.

Bachstelze: oben grau, unten weiß. 20 Zentimeter groß. Ruf: sisis-sisis.

Buchfink: oben braun und grün, unten fahlrot. 15 Zentimeter groß. Ruf: fink-fink.

Buntspecht: schwarz, rot, weiß gefiedert, 20 Zentimeter groß. Ruf: gigigigigi.

Dorndreher: Rücken rot, Kopf grau. 18 Zentimeter groß. Ruf: kräck-kräck. Ahmt auch andere Vögel nach.

Drossel: oben braungrau, unten gelblich. 13 Zentimeter groß. Ruf: zip-zip.

**Der Wächter des Waldes und die Diebin**

Eichelhäher: graubraun mit schwarzen, weißen oder blauen Flügeln. 30 Zentimeter groß. Ruf: dchää-dchää. Er ist der Wächter des Waldes. Sein Ruf meldet den anderen Tieren eine Gefahr: die Anwesenheit von Menschen oder Raubtieren. Wenn er keinen Alarmruf von sicht gibt, ahmt er andere Vogelstimmen nach.

Elster: schwarz, weiß, blau. 40 Zentimeter groß. Ruf: zackarack-ack. Sie ist die Diebin unter den Vögeln, denn sie hat schon wiederholt glänzende, abgelegte Schmuckstücke von Menschen gestohlen.

BUNTSPECHT

Fasan: Der Hahn ist blau, grün, rot, die Henne braun. 80 Zentimeter groß. Ruf: gackernd.

Feldlerche: grünbraun, mit hellen Flecken. 20 Zentimeter groß. Ruf: trilli-trilli.

Grünspecht: gelb, roter Kopf. 30 Zentimeter groß. Ruf: kjäg-kjäg.

Hühnerhabicht: oben grau, unten weiß. 60 Zentimeter groß. Ruf: kjak-kjak.

Kohlmeise: oben grün, unten gelb. Kopf schwarz und weiß. 15 Zentimeter groß. Ruf: zizibeh, zizibeh.

Kuckuck: hellgraues Gefieder, gelbe Füße. 40 Zentimeter groß. Ruf: kuckuck. Er ist sehr scheu. Du bekommst ihn kaum zu sehen.

KUCKUCK

Mäusebussard: braun mit dunklen Querstreifen an den Schwanzfedern. 55 Zentimeter groß. Ruf: dumpfes Miauen.

Nachtigall: grau. 7 Zentimeter groß. Ruf: flötend und trillernd.

Pirol: leuchtend gelb, Flügel und Schwanzfedern schwarz. 12 Zentimeter groß. Ruf: flötend.

Rebhuhn: braungrau. 30 Zentimeter groß. Ruf: trit-trit.

Ringeltaube oder Wildtaube: graublau, Hals weiß. 45 Zentimeter groß. Ruf: gruhu-gruhu.

Saatkrähe: schwarz. 44 Zentimeter groß. Ruf: krah.

Schwarzspecht: schwarz. 40 Zentimeter groß. Ruf: kjäg-kjäg (wie der Grünspecht)

Spatz oder Sperling: braungrau. 12 Zentimeter groß. Ruf: schilpend, schwer zu beschreiben.

Star: schwarz, hell getupft. Gelber Schnabel, 20 Zenti-

meter groß. Ruf: stoar-stoar.
Steinkauz: graubraun. 25 Zentimeter groß. Ruf: kuwitt-kuwitt. Da dieser Ruf als »komm mit – komm mit« verstanden werden kann, gilt er im Volksaberglauben als Totenvogel, der die Menschen von diesem Leben abberuft.
Stieglitz: schwarz, weiß, rot, gelb. Zehn Zentimeter groß. Ruf: stiglitz-stiglitz.
Uhu: schwarz, weiß, braun, gelb. 50 Zentimeter groß. Ruf: huhu.
Zaunkönig: braun, zehn Zentimeter groß. Ruf: zrr-zrr.
Versuche einmal, einzelne Vögel aufgrund ihrer Stimmen zu erkennen und ihren Flug zu beobachten. Wenn du geschickt bist, glückt es dir vielleicht, ein Vogelnest zu entdecken. Du kannst dann aus einem Versteck heraus beobachten, wie die Jungen von ihren Eltern gefüttert und aufgezogen werden.

**Suche die Freundschaft der Jäger und Förster**

Sicherlich wirst du im Wald auf Jäger und Förster treffen. Mach sie dir zu deinen Freunden! Sie können dir allerhand über die Tiere erzählen. Du lernst eine ganze Menge von ihnen. Vielleicht nehmen sie dich sogar auf die Pirsch mit.
Auch ist es denkbar, daß du bei Wanderungen auf Spuren der Jäger stößt, auf die sogenannten Bruchzeichen, die – ähnlich wie die Pfadfinder-Wegzeichen – zum Austausch verschlüsselter Nachrichten dienen. Die Bruchzeichen der Jäger bestehen immer nur aus Zweigen, mit teilweise abgeschabten Rinden, die in besonderer Weise gebogen, an Zweigen aufgehängt oder auf den Boden gelegt sind. Sie verweisen auf die Spuren angeschossener Tiere, auf Fluchtfährten, auf Wildwechsel, sie fordern zum Warten auf oder zeigen einen bestimmten Weg. Von diesen Bruchzeichen ist für dich nur eines wichtig: der Warnbruch (Abbildung). Wenn du einen solchermaßen übers Kreuz gebogenen Ast siehst, dann halte die Ohren steif. Er soll, wie der Name des Bruchzeichens sagt, eine Warnung sein: vor Wilderern vielleicht, vor einem leicht zu übersehenden Erdspalt, einer gefährlichen abschüssigen Stelle, vor Fallen, aber auch vor einem in der Nähe befindlichen Nest oder Bau besonders scheuer und schutzbedürftiger Tiere. Ein Warn-

bruch bedeutet also: Vorsicht! Gefahr! – oder: Nimm Rücksicht. Es empfiehlt sich daher, leise zu sein, jeden Schritt zu prüfen, in Deckung zu gehen.

**Bäume, die dir nützen**

Wichtig ist für dich auch, daß du die Bäume kennst und weißt, wie sie dir beim Leben in der Natur nützlich sein können. Hier eine alphabetische Auswahl:

Der Ahorn hat hartes Holz und eignet sich für Werkzeugstiele und Lagermöbel. Es gibt gute Glut zum Grillen.

Die Birke läßt sich vielseitig nützen: die Rinde ist verwendbar als Unterzünder beim Feuermachen, außerdem zum Bootsbau und zur Ernährung. (Siehe Kapitel: »Wenn's gefährlich wird«.) Das Holz brennt auch feucht im Regen. Ihre Zweige lassen sich zu guten Besen bündeln. Aus den Blättern kann man einen heilsamen Tee machen (bei Fieber, Nieren- und Gelenkschmerzen).

Die Buche – Rotbuche und Weißbuche – gibt lang glühendes Brennholz zum Grillen, eignet sich auch zum Bau von Lagermöbeln, Brücken und Türmen.

Die Eibe ist hart und biegsam und bietet dieselben Verwendungsmöglichkeiten wie die Esche (siehe dort). Vorsicht: Samen, Zweige und Rinde sind sehr giftig. Wissen solltest du auch, daß die Geigen üblicherweise aus Eibenholz gemacht werden.

Die Eiche ist besonders widerstandsfähig gegen Wasser, daher ideal für Bootsstege, Pfahlbauten, Brückenpfeiler und Wasserleitungen. Ihr Holz gibt lange gute Glut.

Die Erle liefert schlechtes Brennholz, fault aber im Wasser nicht, ist daher für Bauten im See und Bach, für Wasserleitungen und dergleichen geeignet.

Die Esche liefert hartes und doch biegsames Holz, das gut zu gebrauchen ist für Skistöcke, Werkzeugstiele, Pickelgriffe. Gutes Holz zum Grillen.

Die Fichte ist vielseitig zu nützen. Sie gibt gutes Brennholz und hat sich für Lagermöbel, Brücken, Türme und Flöße bestens bewährt.

Die Föhre oder Kiefer läßt sich wie die Fichte verarbeiten, darüber hinaus auch für Bauten im Wasser und feuchtem Boden, da das Holz nicht fault. Die gespaltenen, sehr harzreichen Äste können als Fackeln verwen-

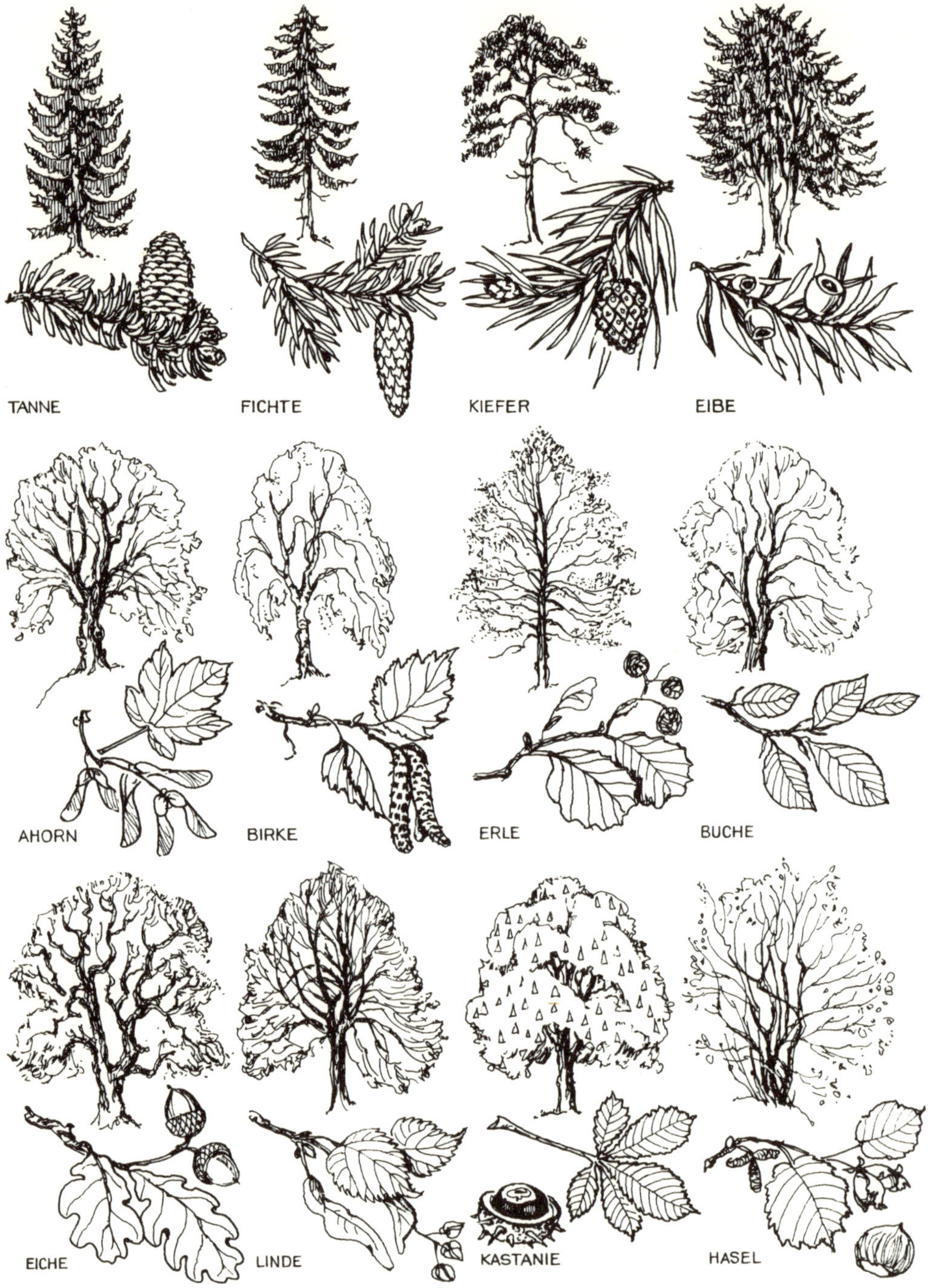
TANNE
FICHTE
KIEFER
EIBE
AHORN
BIRKE
ERLE
BUCHE
EICHE
LINDE
KASTANIE
HASEL

det werden. Solche Fackeln nennt man Kienspäne.
Die Haselnuß ist ein hochgewachsener Strauch mit weichen, biegsamen und doch zähen Ästen, die sich für Stöcke aller Art verwenden lassen, unter anderem auch für Angelruten. Sie liefert gutes Brennholz.
Die Kastanie fault nicht, das Holz läßt sich also für alle Wasserbauten gut gebrauchen. Es brennt sehr schlecht. Eßbar sind die »Maroni« der Edelkastanie.
Die Lärche ist ebenfalls ein Baum, dessen Holz nicht fault und für Wasserbauten geeignet ist. Gutes Holz zum Anbrennen.
Die Linde liefert ideales Holz für Schnitzarbeiten, für Totempfähle beispielsweise.
Die Tanne läßt sich wie die Fichte verwenden: als Brennholz, für Lagermöbel, Brücken, Türme, Flöße.

**Pflanzen, die heilsam sind**

Nützlich sind auch viele Pflanzen. Sie werden meist als Aufgußtees zubereitet. Von den Heilpflanzen unserer Heimat hier eine Auswahl (alphabetisch geordnet):
Augentrost: gegen Entzündungen des Auges und des Magens.
Baldrian: zur Beruhigung von Magen und Darm.
Bärentraubenblätter: desinfizierend bei Nieren- und Blasenerkrankung. Muß fünf Minuten lang gekocht werden.
Bärlapp: blutreinigend.
Birkenblätter: gegen Nierenschmerzen, Gelenkschmerzen, Fieber.
Brennessel: sehr vitaminreich, gut gegen Verschleimung, Magen- und Darmstörungen.
Brombeeren: gegen Halsentzündungen, Husten.
Ehrenpreis: gegen Husten.
Eibisch: gegen Erkältung, Husten.
Enzian: gegen Magen- und Darmstörungen.
Farn: in einen Sack gefüllt, wird Farn auf Muskelzerrungen aufgelegt.
Fenchel: gegen Darmstörungen.
Frauenmantel: gegen Schnupfen, Entzündungen, Fieber.
Himbeerblätter: gegen Halsentzündungen.
Holunderblüte: gegen Halsentzündungen.
Hopfen: gegen Magenstörungen, zur Beruhigung.

Huflattich: gegen Husten.
Isländisches Moos: gegen Heiserkeit, Husten, Fieber.
Kamille: gegen Erkältung, Magen- und Darmstörungen.
Klettenwurzel: gegen Kopfschuppen. Soll in Essig länger gekocht werden.
Leinsamen: gegen Magen- und Darmstörungen.
Lindenblüten: Schweißtreibend, gut gegen Fieber.
Malve: gegen Husten und Halsweh.
Melisse: beruhigend bei Herzklopfen, Magen- und Darmstörungen.
Pfefferminze: gegen Kopfschmerzen, Brechreiz, Magenverstimmung.
Salbei: gegen Halsweh, Magenschmerzen.
Tausendguldenkraut: gegen Magenschmerzen.
Thymian: gegen Husten. Nicht abkochen, nur mit heißem Wasser übergießen.
Wegerich: gegen Erkältung.
Die Heilkräuter sind nur bei leichten Erkrankungen anzuwenden. Treten beunruhigende Symptome auf, muß ein Arzt behandeln.

**Pflanzen, die giftig sind**

Pflanzen können auch gefährlich werden. Es gibt auf der Erde einige hundert Giftpflanzen, die ich nicht alle aufzählen kann. Einige von ihnen sind als giftig bekannt – wie etwa die Tollkirsche –, mehrere aber gelten allgemein gar nicht als giftig: Efeu und Goldregen etwa. Grundsätzlich muß ich dir raten, auch bei großem Hunger nur solche Beeren und Pflanzen zu essen, die du ganz genau kennst. Alle anderen sollst du vermeiden. Und das sind einige Giftgewächse aus unserer Gegend: Aronstab, Besenginster, Bilsenkraut, Efeu, Eibe, Einbeere, Eisenhut, Fingerhut, Goldregen, Herbstzeitlose, Liguster, Nieswurz, Oleander, Rizinus, Schlafmohn, Stechpalme, Tollkirsche, Wolfsmilch. Wie gesagt: das ist nur eine Auswahl. Schließe daraus nicht, daß hier ungenannte Pflanzen grundsätzlich genießbar seien. Interessant ist, daß Giftpflanzen zu Arzneien verarbeitet werden können. Chemisch behandelt und in Tropfen eingenommen, sind sie dann heilsam. Das Herzmittel Digitalis beispielsweise stammt vom Fingerhut. Erhöhte Dosis davon ist allerdings tödlich!

Ein anderes heikles Kapitel sind die Pilze. Es ist einerseits vergnüglich, sie zu suchen. Sie schmecken auch so gut und sind sehr gesund – aber einige enthalten tödliche Gifte. Es ist daher nicht damit getan, hier einige gefährliche Pilze abzubilden. Die Unterscheidungsmerkmale zwischen eßbaren und giftigen Pilzen sind – besonders bei Champignon und Knollenblätterpilz – so geringfügig, daß sie nur von Experten auseinandergehalten werden können. Und selbst Fachleute können irren! Ich möchte euch nicht die Schwammerlsuppe versalzen, sondern nur warnen, wenn ich daran erinnere, daß vor vielen Jahren in der Nähe des Chiemsees ein weithin als »Schwammerl-Toni« bekannter Pilzkenner zusammen mit seiner Familie versehentlich an einer Knollenblätterpilzvergiftung starb!
Fast alle tödlichen Pilzvergiftungen gehen auf eine Verwechslung von Champignons mit den Knollenblätterpilzen zurück. Deshalb mein Rat: Pflücke grundsätzlich keine Champignons und iß auch sonst nur Pilze, die du hundertprozentig kennst. Geh kein Risiko ein!

## Wenn's gefährlich wird

**Du bist gut gewappnet**

Dieses Kapitel kann ich mit einer beruhigenden Feststellung beginnen. Als Pfadfinder bist du aufgrund deiner Ausbildung gegen viele Gefahren bestens gewappnet, und wenn du dieses Buch bis hierher gelesen hast, dann besitzt du bereits die wichtigsten Kenntnisse, die Piloten, Forschern, Tierfilmern und Astronauten in Survival-Kursen gelehrt werden. Du kannst morsen und Karten lesen. Du weißt, wie du Feuer ohne Streichhölzer machst, eine Hütte aus Zweigen baust und wie du auch ohne Kompaß den richtigen Weg findest. Für dich ist das alles Sport und Spiel. Darüber hinaus möchte ich dir jetzt ein paar spezielle Ratschläge geben für den Fall, daß es einmal fatal und brenzlig wird, daß du vielleicht sogar einmal um dein Leben kämpfen mußt. Eine solche Situation läßt sich leider nie ganz ausschließen. Man vergißt in unserer hochzivilisierten Zeit zu leicht, daß neunzig Prozent der Erdoberfläche aus unwegsamer Wildnis, aus Dschungel, Wüste, einsamen Gebirgen, aus Sumpfgebieten und antarktischen Eisfeldern bestehen und daß die Linienflüge der großen Luftverkehrsgesellschaften darüber hinwegführen. Bei einem ganz normalen Ferienflug kann der moderne Düsenjet, in dem du vor einer Stunde erst von einem großstädtischen Flughafen gestartet bist, einen Motorschaden haben und irgendwo zwischen felsigem Ödland und Urwald zur Notlandung gezwungen werden, Hunderte Kilometer von der nächsten menschlichen Ansiedlung entfernt. Dann geht's ums nackte Leben! Auch in unserer Heimat gibt es noch gottverlassene Waldgebiete und Gebirgszüge, in denen man tagelang umherirren kann, ohne auf eine Menschenseele zu stoßen. Nebel, Lawinen, Steinschlag und Gewitter bedrohen dort den Wanderer.

**SOS und das alpine Notsignal**

Wenn du in einer solchen Einöde Hilfe brauchst, mußt du international verständliche Notsignale geben:
Da ist einmal der für die Schiffahrt übliche Hilferuf SOS (siehe auch das Kapitel übers Morsen, Seite 116). Das SOS hat sich allgemein eingebürgert, überall –

auch an Land. Es wird also von Rettungsmannschaften aller Art, auch von Polizei, Gendarmerie und Suchpiloten verstanden.
Fürs Gebirge gibt es den alpinen Hilferuf: sechs hörbare oder sichtbare Signale in einer Minute. Wenn jemand deinen Notruf aufgefangen hat, antwortet er mit drei Signalen in einer Minute.
Das alpine Notsignal und das SOS können am besten mit einer Trillerpfeife gegeben werden, mit Winkzeichen, mit Feuer- und Rauchsignalen oder einer Taschenlampe. Solltest du keine Trillerpfeife bei dir haben, mußt du dich mit Schreien bemerkbar machen. Das kostet jedoch auf die Dauer viel Kraft. Wenn Weidenzweige in der Nähe sind, empfehle ich dir daher, selbst eine Pfeife zu schnitzen. Es ist ganz einfach. Die Zeichnung zeigt dir, wie man's macht. Du mußt nur wissen, daß die Rinde sich erst dann vom Holzkern löst, wenn du sie vorher angefeuchtet und mehrere Minuten lang mit dem Messerrücken rundum leicht geklopft hast.

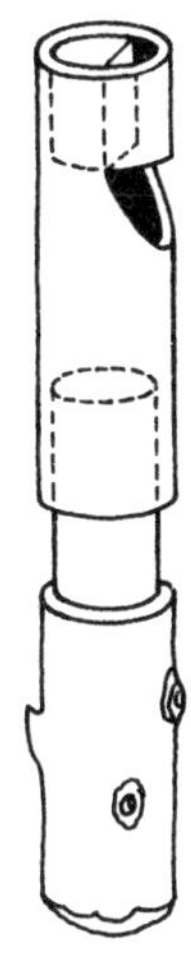

Am schnellsten bekommst du Hilfe, wenn es dir gelingt, den Piloten eines über dich hinwegfliegenden Flugzeugs auf deine Notlage aufmerksam zu machen. Piloten sind verpflichtet, ständig nach Hilfesignalen auf dem Erdboden Ausschau zu halten, sie sofort über Funk weiterzumelden und gegebenenfalls Rettungsaktionen auszulösen oder, wenn möglich, selbst zu landen. Allerdings reagieren sie nicht auf ein x-beliebiges Feuer oder auf einen winkenden Menschen, sondern nur auf international gültige Notsignale. Und die mußt du kennen.

**Dreiecksfeuer alamiert Piloten**

Das wichtigste Signal zur Alarmierung von Piloten besteht aus drei Feuern, die in einem gleichschenkeligen Dreieck von etwa hundert Schritten Seitenlänge verteilt sind. Sie sollen möglichst groß sein, damit sie nachts auch in großer Höhe wahrgenommen werden können. Bei Tageslicht sind Rauchsäulen besser sichtbar. Du mußt also die drei Feuer zum Qualmen bringen. Wie man das macht, habe ich im Kapitel übers Morsen, und zwar auf Seite 117, beschrieben.
Wenn du wenig Platz hast und kaum Holz findest, bleibt dir nichts anderes übrig, als nur ein einziges Feu-

er zu machen und mit Licht- oder Rauchsignalen mehrmals hintereinander SOS – SOS – SOS zu morsen.
Zusätzlich empfiehlt es sich, einen Piloten anzublinken, indem du mit einem Spiegel, einem Dosendeckel, mit geglättetem Stanniolpapier, eventuell auch einer Glasscherbe oder sogar dem glänzend polierten Blatt eines Baumes die Sonnenstrahlen in Richtung zum Flugzeug reflektierst.
Kommt das Flugzeug tiefer, dann will der Pilot Einzelheiten deiner Notlage erfahren. Unterlasse es in jedem Fall, mit den Armen nervös herumzufuchteln. Der Pilot fliegt dann nämlich weiter, weil er denkt, du winkst ihm nur zu. Auch ein erhobener Arm allein kann zu einem Mißverständnis führen: Wenn du den linken Arm hebst und den rechten gesenkt läßt, bilden sie mit deinem Körper ein im internationalen System der Notsignale gebräuchliches Zeichen: den Buchstaben N für das englische Wort No. N bedeutet: Nein, nicht landen, es ist alles okay.

**Ypsilon bedeutet: Hilfe!**

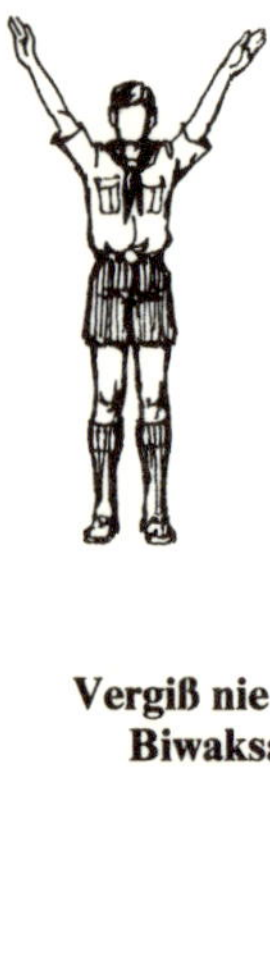

Ein Pilot wird nur dann deine Situation als Notlage weitermelden oder gleich selbst landen, wenn du beide Arme schräg nach oben ausstreckst, so daß sie mit deinem Körper ein Y bilden: Yes, also: Ja, wir brauchen Hilfe! Ist einer von euch verletzt, so gib erst das Y-Signal, lege dich dann auf den Boden. Das bedeutet: Wir brauchen dringend einen Arzt.
Wackelt der Pilot mit den Flugzeugflügeln, bevor er fortfliegt, dann kannst du beruhigt sein. Er signalisiert dir damit, daß er dich verstanden hat und alles unternehmen wird, um dir aus deiner Notlage zu helfen.

**Vergiß nie den Biwaksack!**

Wenn du bei einer Wanderung in Nebel und Dunkelheit kommst, brauchst du dich nicht sonderlich zu sorgen. Als Pfadfinder bist du imstande, dich zu orientieren und Karten zu lesen, so daß du bei einiger Vorsicht deinen Heimweg auch dann schaffst, wenn du kaum noch die Hand vor den Augen siehst.
Sollte aber Gefahr bestehen, daß du auf diesem Weg abstürzen könntest, dann mußt du deinen Heimweg abbrechen und möglichst schnell biwakieren, indem du dir eine Hütte aus Ästen baust und Feuer machst.
Bei einer Tour im unwegsamen Hochgebirge, im nack-

ten Fels, wo es kein Holz mehr gibt, solltest du grundsätzlich einen Biwaksack dabeihaben, am besten einen, dessen Innenseite mit Aluminium beschichtet ist. Die Alufolie reflektiert deine eigene Körperwärme so, als befändest du dich in einer riesigen Thermosflasche. Bei großer Hitze kannst du den Biwaksack umdrehen. Dann prallen die heißen Sonnenstrahlen von der Metallschicht ab. Diese Alufolie wurde übrigens erst vor einigen Jahren für die Weltraumanzüge der Astronauten entwickelt.
Ein Biwaksack dieser Art kostet nicht viel, wiegt fast nichts und nimmt im Rucksack nicht mehr Platz ein als ein paar Socken.
Bei besonders großer Kälte ist die Gefahr gegeben, daß du im Schlaf erfrierst. Dann muß einer von euch immer Wache halten und die Schlafenden alle fünfzehn Minuten wecken.

**Im Schneehaus kann man nicht erfrieren**

Wenn Schnee liegt, darfst du dich beruhigt ausschlafen. Denn im Schnee kann man nicht erfrieren. Das klingt paradox, da man immer wieder hört, daß Menschen im Schnee erfroren sind, auch hierzulande, irgendwo in den Bergen. Sie wußten nicht, daß sie sich – wie die Eskimos, Polarforscher oder die kanadischen Jäger – in den Schnee eingraben oder ein Haus aus Schnee bauen müssen. Der Schnee isoliert dann nämlich die Wärme des menschlichen Körpers!

Am einfachsten ist es, wenn du dich unmittelbar neben den Zweigen einer Fichte oder einer Tanne in den Schnee wühlst, bis hinunter zu der Baumwurzel. Dort befindet sich eine von Ästen geschützte, natürliche Höhlung, in der du zusammengekauert schlafen kannst. Decke sie, bis auf ein Luftloch, mit Schnee ab. Du mußt darauf achten, daß dein Luftloch nicht zugeschüttet wird. Am besten, du steckst einen Zweig hindurch.
Nicht zu empfehlen sind die in Survival-Büchern beschriebenen Schneetunnels und Schneelöcher, die man selbst gräbt und die nur so groß sein sollen, daß man zusammengekauert drin liegen kann.
Bis auf armdicke Luftlöcher müssen sie völlig verschlossen sein. Sie können nämlich einstürzen. Dann gibt es kaum eine Rettung für den darunter liegenden Men-

schen. Ein Kubikmeter Schnee kann immerhin bis zu 800 Kilo schwer sein! Ich empfehle dir daher, lieber ein Eiszelt zu machen:

**Mach dir ein Zelt aus Eis!**

Du schaufelst einen Schneehaufen zusammen, in den du eine Wohnhöhle mit dem Schlupfloch nach Südosten gräbst. Oben bohrst du das Luftloch. Dann machst du in der Schneehöhle ein Feuer, so lange, bis die Wände zu schmelzen beginnen. Wenn's trieft und tropft, räumst du das brennende Holz heraus und baust einen Windfang, der kalten Luftstrom in die Höhle lenkt und die schmelzenden Wände schnell vereist. Später kannst du dann in dieser Höhle eine Kerze anzünden, die zwar das Eis nicht mehr schmilzt, aber deine Unterkunft erstaunlich gut heizt. Eine gewisse Einsturzgefahr besteht auch beim Eiszelt. Deshalb soll immer einer von euch Nachtwache halten.

Eine Kerze genügt auch, um einen Iglu zu erwärmen, das Schneehaus der Eskimos. Einen Iglu kannst du bauen, indem du ziegelartig ausgestochene oder ausgeschnittene Schneeblöcke spiralförmig aneinanderreihst, bis sie eine Kuppel bilden. Wenn es richtig gemacht ist, stürzen sie nicht ein, weil sich die Schneeblöcke nach dem Gewölbesystem gegenseitig stützen. Oben soll ein Loch frei gelassen werden. Achte darauf, daß der Eingang nach Südosten gerichtet und nicht größer als ein Schlupfloch ist. Du kannst es in so einem arktischen Eigenheim sogar ganz gemütlich haben. Es gibt Eskimos, die ihre ganzes Leben im Schutz solcher Schneehütten verbringen.

**Lawinen sind unberechenbar**

Im Gebirge ist der Schnee gefährlich und unberechenbar. Er kann ins Rutschen kommen und als Lawine abgehen.

Die Lawinenkunde hat sich zu einer Wissenschaft entwickelt. Trotzdem kommt es immer wieder zu Unglükken, die eigentlich gar nicht hätten passieren dürfen. Beispielsweise glaubt man zu wissen, daß die Lawinen nur bei bestimmter Witterung – bei Schneefall oder starkem Wind, bei Frost, Föhn oder Regen etwa – abgehen, und doch fahren immer wieder dann Lawinen ab, wenn niemand sie erwartet. Man glaubt auch, lawinensichere Orte zu kennen – und doch werden Bergdörfer verschüttet und vernichtet, die seit Jahrhunderten existieren, also in einem Gebiet standen, das jahrhundertelang von Lawinen verschont geblieben war. Selbst die Wissenschaftler durchschauen nicht immer alle Verkettungen ungünstiger Umstände. Tatsächlich können Lawinen immer und überall abgehen, sogar von einem Hang mit einem Neigungswinkel von 17 Grad; das ist eine flache Wiese, ein sogenannter »Idiotenhügel«, auf dem die blutigsten Anfänger unter den Skifahrern herumrutschen!

Was also kannst du gegen Lawinen tun?

**So kannst du dich schützen**

In erster Linie sollst du dich nur in Gebieten aufhalten, die von den örtlichen Lawinenwarndiensten freigegeben sind. Vermeide alle anderen schneebedeckten Berggebiete, auch wenn die Tour noch so verlockend sein mag und noch so lawinensicher zu sein scheint.

Wenn ihr trotz aller Vorsichtsmaßnahmen in ein Gebiet geratet, wo auch nur die geringste Gefahr einer Lawine droht, dann sichert euch mit Lawinenschnüren. Eine Lawinenschnur ist etwa zwanzig Meter lang. Man bindet sie um den Körper – nicht an den Rucksack –, und zwar mit dem Ende, wo die eingezeichneten Pfeile hinzeigen. Im Falle eines Lawinenunglücks wird die Schnur sicherlich irgendwo im Schnee emporgestrudelt und -gewirbelt, wo die Retter sie sehen. Innerhalb kürzester Zeit kann dann der Verschüttete geborgen werden. Eine Lawinenschnur solltest du immer bei dir haben, sie dient ja nicht nur zur Rettung im Winter, sondern ist auch als Seil für vielerlei andere Zwecke zu nützen.

In einem lawinengefährdeten Gebiet werden die Fangriemen der Skier aufgemacht und die Hände aus den Stockschlaufen genommen, damit du dich im Ernstfall sofort von ihnen frei machen kannst.

Wichtig ist auch, daß du dich auf die Möglichkeit eines Lawinenabgangs einstellst. Spiele mit deinen Freunden in Gedanken eine solche Situation durch – dann wirst du im Katastrophenfall richtig handeln und nicht von der Schrecksekunde erstarrt sein.

**Fahr der Lawine davon!**

Wenn eine Lawine kommt – sie dröhnt wie ein Erdbeben, sie orgelt, poltert und pfeift –, mache folgendes:

1. Versuche aus der Lawine zu entkommen, indem du seitwärts herausläufst oder auf den Skiern davonfährst.
2. Gelingt dir das nicht, dann löse schnell die Skibindung!
3. Schau dir die Lawine an.
4. Handelt es sich um eine Staublawine, dann verankere dich mit verkehrt in den Schnee eingerammten Skistöcken gegen die Sogwirkung. Binde einen Schal oder ein Halstuch vor Mund und Nase, um vom Schneestaub nicht erstickt zu werden. Kauere dich zusammen.
5. Handelt es sich um eine harte Festschneelawine, dann wirf die Stöcke weg und versuche aufrecht zu bleiben, den niedersausenden Blöcken zu entkommen oder von kippenden Blöcken abzuspringen.
6. Handelt es sich um eine Lockerschneelawine, dann wirf die Stöcke weg und schwimm mit der Strömung! So unglaublich es klingt: in einer Lawine kann man schwimmend an der Oberfläche bleiben.
7. Wenn du es nicht schaffst, oben zu bleiben, wenn dich die langsamer werdende Lawine niederzieht, dann klammere die verschränkten Arme in Boxerstellung vors Gesicht, um Atemraum zu bekommen.
8. Tief atmen – du bildest dadurch einen erstaunlich großen Hohlraum im Schnee.
9. Wenn es finster wird, mußt du nicht gleich befürchten, daß du sehr tief verschüttet bist. Du kannst trotzdem ganz nahe an der Oberfläche sein. 50 Zentimeter Schnee lassen nämlich kein Licht mehr durch.
10. Viele Verschüttete haben erfahrungsgemäß den Gleichgewichtssinn vorübergehend verloren und versuchen sich in die falsche Richtung auszugraben. Du mußt also feststellen, wo oben ist. Das gelingt dir nur mit Geduld und Spucke. Der Speichel rinnt im Mund nämlich abwärts.
11. Denk immer daran, daß viele Menschen erst nach Stunden gerettet wurden. Gib die Hoffnung nie auf.

12. Wenn du Retter reden oder Hundegebell hörst, dann schrei! Und schütze die Augen, damit sie nicht verletzt werden, wenn man mit einer Sonde nach dir sucht.

**So kannst du Verschütteten helfen**

Solltest du mit deinen Freunden Zeuge eines Lawinenunglücks sein, dann verfolge den Verschütteten so lange wie möglich mit den Augen und beobachte die Strömungen und Strudel des Schnees, nachdem der Verschüttete nicht mehr sichtbar ist. Du kannst dann seine ungefähre Lage bestimmen.

Der beste Skifahrer fährt sofort ab und alarmiert den Bergrettungsdienst.

Die anderen suchen mit Stöcken und Sonden nach dem Vermißten.

Wenn der Vermißte gefunden wird: vor allen Dingen sofort mit den Händen nach dem noch im Schnee befindlichen Kopf tasten und Atemwege schützen, damit sie nicht durch die Bergungsarbeiten just noch im letzten Augenblick der Rettung zugeschüttet und verstopft werden! Das ist lebenswichtig. Denk immer daran. Es wird oft vergessen.

Wenn der Kopf frei ist: Schnee aus Mund und Nase räumen und Atemspende geben, auch dann, wenn der Körper noch im Schnee steckt. Transport des Verunglückten nur zur nächsten lawinensicheren Stelle, in Seitenlage, so daß Schmelzschnee aus Mund und Nase abfließen kann. Dort Wiederbelebungsversuche und Maßnahmen gegen Unterkühlung. (Siehe im Kapitel »ABC der Ersten Hilfe« unter den Stichworten »Atemspende«, »Herzdruckmassage« und »Unterkühlung«.)

Nach Auffassung von Experten ist der Abtransport eines Bewußtlosen, Scheintoten oder noch nicht hinreichend wiederbelebten Lawinenopfers mit noch aussetzender Atmung und Herztätigkeit tödlich! Es sei denn, die Fortsetzung der Wiederbelebung während des ganzen Transportes wäre sichergestellt.

**Steinschlag: Gefahr bei Sonnenaufgang**

Die Steinlawinen und der Steinschlag sind für den Wanderer nicht ganz so gefährlich.

Steinschlag wird aus drei Gründen ausgelöst:

1. Durch den Wechsel von Kälte zur Hitze. Die Temperaturunterschiede dehnen das Gestein aus und zie-

hen es wieder zusammen, so daß Spannungen entstehen, die schließlich zum Bruch führen. In die Bruchstellen und Risse dringt Tau oder Regen. Wenn das Wasser nachts gefriert und sich dabei ausdehnt, treibt es das Gestein einerseits mit Keilwirkung auseinander – hält es aber andererseits wie Kitt zusammen. Allerdings nur so lange, bis es schmilzt. Dann besteht Gefahr, daß die auseinandergekeilten, gelokkerten Steine in die Tiefe stürzen. Die gefährlichste Tageszeit für Steinschlag ist also der Sonnenaufgang.
2. Steinschlag entsteht auch durch Gewitter, starken Wind und heftigen Regen.
3. Tier und Mensch lösen ebenfalls Steinschlag aus.

Vermeide also gefährliche Gebiete zur Zeit des Sonnenaufgangs, während des Sturms und Regens, vermeide es außerdem, Tiere aufzuschrecken, und halte dich aus der Fallinie über dir wandernder Menschen heraus. Damit hast du die Bedrohung durch Steinschlag zwar nicht ausgeschaltet, aber erheblich vermindert.

Beobachte außerdem, ob du dich in einem steinschlaggefährdeten Gebiet befindest: ob Steinhalden und Fels über dir locker und brüchig wirken, ob vor dir viele herabgestürzte Steine herumliegen, ob die Felsfläche neben dir viele Spuren von aufgeprallten Steinen zeigen. Besonders gefährlich sind Rinnen, Schluchten, denn dort fliegen die Steine kreuz und quer hin und her.

Ungefährdet bist du auf Graten und Bergrücken.

Wenn du gezwungen bist, ein steinschlaggefährdetes Gebiet zu queren, dann überstürze nichts. Beobachte das Gebiet, suche den Weg genau aus und fasse die vor dir liegenden »toten Winkel« ins Auge, also alle Felsvorsprünge, Bodenwellen, schanzenartige Felsbrocken und dergleichen, über die der Steinschlag hinwegfliegt und in deren Schutz du nicht getroffen werden kannst. Prüfe dann genau, ob du einen Stein kommen siehst oder hörst. – Und wenn alles ruhig ist, dann laufe zum nächsten toten Winkel. Von dort aus prüfst du die Lage erneut. Kannst du einen toten Winkel nicht erreichen, dann schau genau auf den niederstürzenden Stein, und spring gegebenenfalls erst im allerletzten Augenblick zur Seite.

Falls du mit Kameraden unterwegs bist, soll nur immer einer von euch das gefährliche Gebiet queren, während ihn die andern aus sicherem Schutz heraus beobachten und eventuell warnen.

**Klettern muß man lernen**

Der Steinschlag ist also für Bergwanderer eine einigermaßen berechenbare Gefahr. Das gilt nicht fürs Klettern! Wer sich Zentimeter um Zentimeter durch eine Felswand kämpft, kann sich nicht so leicht in einen toten Winkel retten oder einem Stein ausweichen.

Bei dieser Gelegenheit ein Wort übers Klettern im Gebirge. Es gehört zu den schönsten – aber auch zu den gefährlichsten Sportarten. Wenn du unbedingt klettern willst, dann rate ich dir dringend zu einem Kletterkurs, wie ihn die Alpenvereine, Alpenklubs und einige Sporthäuser mit staatlich geprüften Lehrern veranstalten. Versuche auf keinen Fall, einfach so drauflloszuklettern, nachdem du deine Weisheit aus Büchern bezogen hast. Klettern ist nicht theoretisch zu lernen, sondern nur unter der Führung eines sachkundigen Lehrers in der Praxis – sonst riskierst du Kopf und Kragen!

**Die größte Gefahr: der Blitz!**

Die größte Bedrohung im Freien ist der Blitz. Vor allen anderen Gefahren kannst du dich weitgehend schützen, indem du sie durch spezielle Schulung in den Griff bekommst oder indem du ihnen bewußt aus dem Weg gehst – gefährlichen Lawinengebieten beispielsweise.

Was aber, wenn du an einem strahlend schönen Tag im freien Gelände oder während einer Bergtour von einem Gewitter überrascht wirst, das innerhalb von Minuten den heiteren Himmel in einen Hexenkessel verwandelt? Du hast natürlich gewisse Chancen, dich zu schützen. Bevor ich sie aufzähle, kurz etwas übers Gewitter, über Blitz und Donner.

Das Gewitter ist eine Entladung der Luftelektrizität zwischen Wolken und Erde oder zwischen verschieden geladenen Wolken untereinander, wobei Spannungsdifferenzen von einigen hundert Millionen Volt vorkommen. Die Funkenentladung zeigt sich fast immer als Linienblitz, manchmal auch als Flächenblitz, Kugelblitz und Perlschnurblitz.

Der Blitz erreicht eine Geschwindigkeit von 10.000 Kilometer pro Sekunde und eine Temperatur von 30.000

Grad Celsius. Die plötzliche Ausdehnung der erhitzten Luft löst die Druckwelle des Donnerschlags aus.
Ein Blitzschlag kann Fels zum Schmelzen bringen. Die charakteristischen »Blitzverglasungen« im Gebirge zeugen von solchen Einschlägen.
Bei dieser Hitze ist es verwunderlich, daß nicht jeder vom Blitz direkt getroffene Mensch auf der Stelle tot ist. Sechzig von hundert Menschen überleben den direkten Blitzschlag mit lebensgefährlichen, später häufig tödlich verlaufenden Verletzungen und Verbrennungen. In der Zeitung liest man immer wieder von derartigen Unfällen. Jährlich sterben in Europa etwa 500 Menschen durch direkten Blitzschlag.
Weniger bekannt ist, daß auch der ins Erdreich fahrende Blitz einen in der Nähe stehenden Menschen töten und verletzen kann, und zwar mit seinen sogenannten Erdströmen. Sie schießen durch den menschlichen Körper hindurch, vorausgesetzt, sie finden einen »Eingang« und einen »Ausgang«. Bei einem breitbeinig stehenden Menschen beispielsweise fährt der Blitz bei einem Bein hinein und beim anderen hinaus. Deshalb sollst du in einer Gewitterzone nicht breitspurig stehen, nicht gehen oder laufen, dich nirgends anlehnen, abstützen und auch nicht sitzen oder gar liegen, sondern mit fest zusammengepreßten Beinen hocken, so daß die Schuhsohlen sozusagen ein Postament bilden. Dann hat dein Körper eine Chance, die Erdströme abzuwehren.

**24 Tips gegen den Tod**

Ich will nun – auch wenn ich mich in einigen Punkten wiederhole – alle Chancen aufzählen, die du hast, um dich vor Blitz zu schützen. Genaugenommen sind es 24 Tips gegen den Tod. Eine ganze Menge!

1. Mach keine großen Wanderungen oder gar Bergtouren, wenn Gewitter zu erwarten ist. Achte genau auf Anzeichen von Gewitterneigung.
2. Eine ganz besonders starke Neigung zu tagsüber auftretenden Gewittern verrät sich durch Regenbogen am Morgen, Morgennebel bei hoher Temperatur, Ausbleiben des Morgennebels und stechende Sonne bei düsterem Wetter. (Das Gegenteil dieser Wetterregeln bedeutet aber keinen verläßlichen Schluß, daß Gewitter nicht zu befürchten sind!)

3. Unmittelbar bevorstehende Gewitter kündigen sich durch die auf Seite 95 geschilderten Wolkenbildungen an und durch das Verstummen der Tierstimmen.
4. Zähle die Sekunden zwischen Blitz und Donner und dividiere diese Zahl durch drei – dann hast du die Entfernung des Gewitters in Kilometern.
5. Prüfe mehrmals Windrichtung und eventuelle Windschwankungen, um zu erfahren, ob das Gewitter dir zugetrieben wird oder nicht. Die Windrichtung ist in diesem Fall nicht mit dem nassen Finger festzustellen, sondern durch Beobachtung der Wolken, da in Gewitterhöhe der Wind in anderer Richtung wehen kann als in Bodennähe.
6. Schätze die Windgeschwindigkeit ab (siehe Seite 77), und stelle die Zeit fest, die das Gewitter braucht, um bei dir zu sein. Bedenke, daß sich die Windgeschwindigkeit schnell steigern kann.

**Wo der Blitz keine Chance hat**

7. Wäge ab, ob du blitzgesicherte Orte noch rechtzeitig erreichen kannst. Blitzsicher sind alle mit fachmännischen Blitzschutzanlagen ausgestatteten Häuser, Berghütten und Biwakschachteln, außerdem alle Autos (Radioantenne einziehen!), Seilbahnkabinen, Eisenbahnwaggons und Wohnwagen, sofern die Karosserien aus Metall sind. Sie bilden dann sogenannte Faradaysche Käfige, benannt nach dem englischen Naturforscher Michael Faraday, 1791–1867. Er hat als erster erkannt, daß der Blitz in eine allseitig geschlossene Hülle aus Blech oder Maschendraht nicht eindringen kann.
8. Wenn du solche absolut blitzsicheren Orte nicht mehr erreichst, dann prüfe, welche Stelle in deiner Umgebung du vermeiden und welche du suchen mußt.
9. Vermeide alle spitzen Stellen: also Berggipfel, Berggrate, Felsnasen, freistehende Scheunen, alle Zelte, Masten, Türme und einzelstehende Bäume. Das Sprichwort »Eichen sollst du weichen, Buchen sollst du suchen« ist falsch! Jeder einzelne Baum zieht den Blitz an. Eine andere irrige und gefährliche Meinung ist, daß der Blitz grundsätzlich in den

höchsten Berggipfel fährt und daß man tiefer unten keine Vorsichtsmaßnahmen zu treffen braucht. Die elektrisch geladenen Wolken des Gewitters können sich ebensogut in der Mitte des Berges befinden, dann zieht der Gipfel den Blitz nicht an.

10. Vermeide alles, was aus Metall ist: Gipfelkreuze, eingeschlagene Kletterhaken, Metalltafeln zum Andenken an abgestürzte Bergsteiger, die Drahtsicherungen und die aus Steigleitern bestehenden Kletterpfade im Gebirge. Sie wirken wie Blitzableiter. Gefährlich ist es auch unter dem Ende einer Drahtseilsicherung, wo der von oben abgeleitete Blitz herausschießt. Gipfelkreuze haben manchmal Blitzableiter. Beobachte genau, wo sie sind, wo sie hinführen, und vermeide sie.
11. Vermeide, daß Metallgegenstände offen neben dir liegen. Packe Beil, Messer, Karabinerhaken, Eispikkel, Metallspitze des Bergstocks in den Rucksack.
12. Vermeide die Eingänge von Höhlen und Tunnels, außerdem Überhänge und Felsdächer, Nischen und Felsrisse, Vertiefungen und Grotten.

**Vorsicht vor Wasser**

13. Vermeide jegliche Form von Wasser und Nässe, denn sie leiten den Blitz.
14. Vermeide alle Gräben, Schluchten, Rinnen und sonstigen Gegebenheiten des Geländes, wo der Gewitterregen unvermutet Sturzbäche bilden kann.
15. Vermeide alle Gebiete, in denen von Blitz und Regen ausgelöste Steinschläge herunterkommen können.
16. Ziemlich sicher bist du im Wald, denn die Wahrscheinlichkeit, daß der Blitz just in den Baum schlägt, unter dem du stehst, ist gering. Stell dich aber nicht gerade unter den größten Baum!
17. Einigermaßen sicher bist du in mindestens zwei bis acht Meter Entfernung von einer senkrechten Felswand, die mindestens zehnmal höher ist als deine zusammengekauerte Gestalt.
18. Dasselbe gilt auch, wenn es sich statt der Felswand um einen einzelnstehenden Felsbrocken handelt.
19. Einigermaßen sicher bist du, wenn du dich auf trokkenem Boden mit eng zusammengeschlossenen

Schuhsohlen so tief wie möglich in Kugelform zusammenkauerst und jede zusätzliche Berührung mit dem Boden vermeidest. Raffe auch den Regenumhang empor, daß er nicht auf den Boden hängt. Lege jedes greifbare isolierende Material unter die Füße, ein zusammengerolltes Seil, einen Rucksack, Kleider und dergleichen.

20. Wenn Absturzgefahr besteht, dann denke daran, daß die Blitzentladung ein Seil durchschlagen kann. Sichere dich also mehrmals!
21. Lasse dein Seil nie ausgerollt in ganzer Länge herumliegen, weil es durchnäßt als Blitzableiter dienen kann.

**Wenn dir die Haare zu Berge stehen**

22. Akute Blitzgefahr kündigt sich meist – nicht immer! – durch Kribbeln auf der Kopfhaut, Sträuben der Haare, Surren von Metallgegenständen, leises Knistern und bläuliches Leuchten (Elmsfeuer) an Metallgegenständen an, außerdem durch ein Gefühl, als wären nicht bedeckte Hautflächen mit Spinnweben überzogen.
23. Bei Unfall: Atemspende, Herzdruckmassage; Brandwunden wie bei üblichen Verbrennungen versorgen; Verletzter sofort zum Arzt. (Siehe »ABC der Ersten Hilfe«.)
24. Denk daran, daß nach Abzug eines Gewitters die Gefahr nicht vorbei ist. Es kann zurückkommen, möglich ist auch, daß ihm weitere Gewitter folgen. Wandere also nicht weiter, sondern suche blitzgesicherte Orte auf.

**Man verhungert nicht so schnell**

Wenn dir einmal in einer Notlage die Nahrung ausgeht, brauchst du nicht zu verzagen. Es ist nämlich fast unmöglich zu verhungern. Zwar gibt es immer wieder Greuelmeldungen über Menschen, die sich verirrten oder nach einem Flugzeugabsturz in der Wildnis landeten und dort an Nahrungsmangel starben – doch sie verhungerten inmitten der größten Speisekammer unserer Erde: inmitten der Natur. Sie wußten nur nicht, wo sie in dieser gigantischen Speisekammer etwas finden konnten. Ich meine nicht nur die Tiere, die der Waldläufer jagt und deren Fleisch er grillt, sondern die Vielfalt anderer Nahrungsmittel, die man ganz einfach bekommt: Pflanzen, Nüsse, Beeren, Eier und dergleichen. Die Natur bietet eine unerschöpfliche Menge. Das Problem besteht eigentlich nur darin, giftige Pflanzen, Pilze und Tiere zu vermeiden. Ihre Zahl geht allerdings in die Tausende. Sie lassen sich in keinem Buch aufzählen und abbilden. Eine Auswahl hingegen wäre sogar gefährlich, denn der Leser würde dann allen nicht erwähnten Pflanzen und Tieren gegenüber arglos sein – auch wenn sie giftig sind. Was tun?

Es gibt da einen Tip, der allerdings nur mit Vorsicht zu genießen ist: daß man Tiere, besonders Vögel, bei der Nahrungsaufnahme beobachten soll und beruhigt essen kann, was sie zu sich nehmen. Diese Ansicht ist nicht ganz richtig. Erstens einmal fressen Tiere auch in Fäulnis übergegangenes Fleisch und darüber hinaus in sehr vereinzelten Fällen auch Pflanzen, die der Mensch nicht verträgt. Wer beispielsweise die von Ziegen und Schnecken mit Begeisterung gefressenen Wolfsmilchgewächse verspeist, nimmt schieres Gift zu sich.

Was also soll man tun, um bekömmliche und giftige Nahrungsmittel auseinanderzuhalten?

**Der Gifttest**

In Survival-Kursen wird empfohlen, den sogenannten Gifttest zu machen, und zwar in der Reihenfolge: tasten, riechen, schauen, kosten, essen, warten.

So wird's gemacht:

1. Taste das fragliche Naturprodukt ab, ob es deine Haut ätzt oder brennt. Wenn ja, wirf es weg. Nur junge Brennesseln sind gekocht genießbar, sogar sehr gesund.
2. Riech daran, ob dir ein unangenehmer oder sonst verdächtiger Geruch in die Nase steigt. Wenn ja, weg damit!
3. Schau, ob ein schleimiger oder milchiger Saft herausläuft, sobald du das Produkt anschneidest oder daran herumdrückst. Wenn ja, wirf es weg!
4. Koste eine kleine Portion, schiebe sie unter die Zunge und warte fünf Minuten. Achte speziell auf seifigen, aasigen oder brennenden Geschmack. Wenn's schlecht schmeckt, spuck es aus.
5. Ansonsten kannst du davon eine kleine Menge essen.
6. Warte acht Stunden. Wenn dann keine ungünstige

Reaktion auftritt, kannst du ziemlich sicher annehmen, daß dieses Naturprodukt genießbar ist. Vorsicht empfiehlt sich jedoch immer noch. Für Beeren und Pilze gilt der Gifttest nicht!

**Spaghetti aus Birkenrinde**

Der Gifttest ist jedoch meist überflüssig, weil es genügend Nahrungsmittel gibt, die du kennst: Gras zum Beispiel, das du am unteren, saftigen Ende roh essen kannst. Es ist sehr vitaminreich. Grassamen ergibt eine gute Suppe, wenn du ihn in Wasser kochst. Sauerampfer, Heidekrautsprossen, Wasserkresse und ungiftige Blattpflanzen der Wiese lassen sich zu Salat verarbeiten und mit wildem Kümmel, wildem Meerrettich, Brunnenkresse, Wacholderbeeren und jungen Tannenspitzen würzen. Die Zweigspitzen von Tannen und Fichten ergeben verkocht einen kräftigen Vitamintrank. Verwechsle sie nicht mit den Zweigen der Eiben! Sie enthalten, wie schon erwähnt, Gift! Sehr gut sind die feinen Pflanzengewebe (die Innenrinden) zwischen Baumstamm und Rinde der Weiden, Fichten und Tannen. Man kann sie roh essen, kochen oder pulverisieren und als Mehl verwenden. Auch hier: Vorsicht vor Eibenrinde! Als Waldläuferdelikatesse gilt die gelbe Innenrinde von jungen Birken, die, in Streifen geschnitten und gekocht, wie Spaghetti aussieht und gut schmeckt, außerdem sehr nahrhaft ist. Auch spargelähnliches Gemüse kannst du dir machen, und zwar aus den in der Erde verborgenen Stengeln des Farnkrauts. Du mußt sie vorher enthäuten, kochen oder dünsten.

Die meisten Wurzeln und Schoten, Sprossen und Schößlinge sind genießbar.

Beeren und Pilze sollst du allerdings nur essen, wenn du sie zweifelsfrei kennst. Der Gifttest – ich sage es noch einmal zur Vorsicht – gilt für sie nicht!

Alle Vogeleier sind genießbar, wenn sie frisch gelegt wurden. Einige Raupen, Käfer, Kellerasseln, Schnekken, Spinnen und Regenwürmer, ja sogar lebende Ameisen sind – von wenigen Ausnahmen abgesehen – nicht nur genießbar, sondern gelten in asiatischen Ländern sogar als Delikatesse.

**Wie man Fische fängt**

Die meisten Fische lassen sich ebenfalls gefahrlos essen, ausgenommen einige besonders ausgefallene exotische

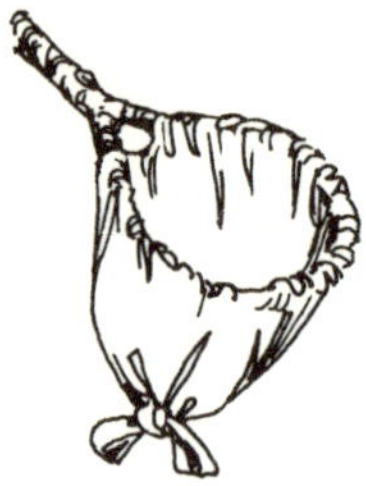

Exemplare. Du brauchst weder Angel noch Fischernetz. Bei einiger Übung kannst du sie erstaunlich leicht fangen, indem du deine Hand an einen im Wasser bewegungslos »stehenden« Fisch langsam heranbewegst und blitzschnell zupackst. Fangen lassen sie sich auch mit Reusen aus Zweigen, in die sie hinein-, aus denen sie aber nicht herauskönnen. Und aus einem Unterhemd kannst du ein Fischernetz machen, wenn du es auf einer Seite verknotest und mit der anderen Seite über einen zum Tennisschläger gebogenen Ast wie ein Schmetterlingsnetz spannst. Fische zu fangen ist ohne Angelschein natürlich nur in Notfällen erlaubt.
Hohen Nährwert besitzen Nüsse und Bucheckern. Du findest sie haufenweise, immer und überall, selbst im Winter und unter dem Schnee. Die Eichhörnchen haben sie nämlich während des Sommers gesammelt und in »Depots« versteckt. Mach dir keine Sorgen, daß ein Eichhörnchen verhungern könnte, wenn du eine solche Schatzkammer plünderst. Die Eichhörnchen hamstern erfahrungsgemäß wesentlich mehr, als sie im Winter brauchen, wohl aus Furcht, daß einige Depots durch Schnee und Eis unzugänglich und verschüttet werden könnten. Solche Schatzkammern voller Nüsse und Bucheckern findest du überall, wo es Eichhörnchen gibt, und das Eichhörnchen gibt es auf der ganzen Erde in jedem Wald. Es ist eines der am meisten verbreiteten Tiere überhaupt!

**Notfalls fasten: es schadet nicht**

Wenn du in extremen Situationen wirklich einmal ein paar Tage lang deinen Hunger nicht stillen kannst – in der Arktis etwa oder in der Wüste –, dann faste einfach! Du mußt dich von der Vorstellung befreien, daß nichts essen gleichbedeutend ist mit Hungertod. Der menschliche Körper kommt sehr lange ohne Nahrung aus. Das Hungergefühl verschwindet spätestens nach 24 Stunden. Fasten ist sogar gesund. Der Körper entschlackt dabei und ist imstande, seine Leistung zu steigern. In Schweden haben zwanzig Männer bei einem Fastenmarsch von Göteborg nach Stockholm 500 Kilometer in zehn Tagen zurückgelegt. – Und siehe: sie fühlten sich hinterher frischer als vorher. Es ist erwiesen, daß ein schweizerischer Hobbysportler, 54 Jahre alt

und spezialisiert auf den 10.000-Meter-Lauf, während seiner Fastenzeit täglich trainierte und sogar seine Bestzeit lief. Indianer pflegten vor anstrengenden Jagdunternehmungen tagelang zu fasten – und damit Kraft zu schöpfen!
Ich will dich mit diesen Beispielen nicht zum Fasten anregen – für junge Leute ist es völlig überflüssig –, sondern nur klarmachen, daß noch keine Gefahr droht, wenn's mal ein paar Tage nichts zu essen gibt. Nicht zu verhungern ist für einen erfahrenen Waldläufer kein unlösbares Problem.
Problematisch aber kann es sein, genügend Wasser zu bekommen.

**Durst kann gefährlich werden**

Der Mensch braucht nämlich täglich mindestens zwei Liter Flüssigkeit. Wenn er hungert oder sich in glühender Hitze anstrengt, muß er täglich bis zu zehn Liter trinken – sonst erleidet er gesundheitlichen Schaden.
Wasser gibt's überall. Auch im glutheißen Sand der Wüste. Bis vor kurzem noch war jeder rettungslos verloren, dem bei einem Marsch durch die Wüste das Wasser ausging, und der berühmte schwedische Forscher Sven Hedin (1865–1952) vermied bei einer Reise durch innerasiatische Wüsten nur deshalb knapp den qualvollen Tod des Verdurstens, weil er den Urin der Kamele trank.

Heute weiß man dank einer vom US-Landwirtschaftsministerium in Auftrag gegebenen Forschungsarbeit, daß sich mit einer sogenannten Sonnendestille an jeder Stelle des Wüstengebietes Wasser gewinnen läßt. Alles, was du für so eine Destille brauchst, sind ein Spaten, ein Gefäß und eine glatte Plastikfolie, etwa eineinhalb Meter im Quadrat. Du schaufelst ein Loch von einem Meter Durchmesser einen Meter tief und stellst das Gefäß in die Mitte. Über das Loch spannst du die Folie, indem du sie am Rand mit Steinen oder Sand beschwerst. Dann legst du einen Stein in die Mitte der Folie, so daß sie kegelförmig nach unten gezogen wird, mit der Spitze über das Gefäß. Das wär's. Alles weitere macht die Sonne. Sie zieht in dieser Destille, unsichtbar für dich, die vom Morgentau im Wüstensand hinterlassenen winzigen Spuren von Feuchtigkeit als Wasserdampf empor, der sich an der Unterseite der Folie niederschlägt, abwärts rinnt und in das Gefäß tropft. Schon nach einigen Stunden hast du gutes Trinkwasser. Allerdings mußt du immer wieder neue Löcher graben, da die Feuchtigkeit des Wüstensandes minimal ist und schnell ausgebeutet wird. Natürlich kannst du eine Sonnendestille nicht nur im Wüstensand, sondern – mit schnellerem Erfolg – auch in jedem anderen Erdreich machen, am besten dort, wo es schon etwas feucht ist. Probier es einmal. Du mußt nur darauf achten, daß die Stelle ständig in der prallen Sonne liegt.

Mit der Erfindung der Sonnendestille ist das Problem der ausreichenden Wasserversorgung allerdings nicht gelöst. Sie ist nur das letzte Mittel in höchster Not und rettet dich gerade vor dem Verdursten. Die Zufuhr an Flüssigkeit, die der Körper braucht, um nicht krank zu werden, gewährleistet sie nicht. Außerdem ist es sehr mühsam, ständig Gruben zu schaufeln, besonders für einen in Not befindlichen und daher meist erschöpften Menschen. Schließlich spricht gegen die Sonnendestille, daß sich die Flüssigkeit sehr langsam sammelt und daß man stundenlang an ein und demselben Ort zu bleiben gezwungen ist.

**Tiere zeigen dir, wo Wasser ist**

Wer weiterkommen will, muß versuchen, in fremdem Gelände immer wieder aufs neue Wasserquellen zu finden. Die Tiere helfen dir dabei. Ihre Fährten führen dich zur Quelle. Suche zunächst die Spuren eines von vielen Tieren begangenen Wildwechsels. Wenn du ihn gefunden hast, gilt es festzustellen, in welcher der beiden Richtungen die Quelle liegt. Dazu mußt du sorgfältig die seitswärts in den Wildwechsel einmündenden Einzelfährten beobachten. Es wird dir auffallen, daß sie alle in eine gemeinsame Richtung spitz zulaufen: Folge dem Wildwechsel in diese Richtung, und du kommst zum Wasser!

Auch die Mücken weisen dir den Weg: Wenn die Zahl der Schwärme zunimmt, kannst du annehmen, daß du dich einer Wasserstelle näherst.

Achte auch genau auf Pflanzen und Bäume. In der Nähe von Wasser wird das Grün üppiger, die großblättrigen Pflanzen werden zahlreicher. Wo du Weiden und

Erlen erblickst, ist besonders starke Feuchtigkeit zu erwarten.
Wenn du dort zu graben beginnst, stößt du bald auf Grundwasser, in jedem Fall aber auf ein sehr feuchtes Erdreich, aus dem du Flüssigkeit gewinnen kannst: Du stopfst einen saugfähigen Stoff – einen Schal, ein Unterhemd etwa – in die Grube, wartest, bis es die Feuchtigkeit aufgenommen hat, und wringst es dann über einem Gefäß oder – falls nicht vorhanden – über dem geöffneten Mund aus. Auch kannst du eine leere Konservendose in der oberen Hälfte durchlöchern und ins feuchte Erdreich vergraben. Durch die Löcher dringt bald Wasser, das sich in der unteren Hälfte der Dose sammelt.

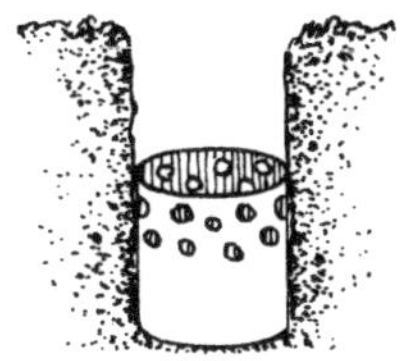

Regenwasser hält sich tage-, mitunter auch wochenlang unterirdisch am Fuß eines Berges oder Hügels, unter der tiefsten Stelle einer Bodenwelle, unterhalb von Felsen und unter den wannenartigen Vertiefungen von Bachbetten, besonders dann, wenn sie an der äußeren Seite einer Biegung liegen. Dort kannst du bereits in einem Meter Tiefe Wasser oder triefend feuchtes Erdreich finden.

**Pflanzen, aus denen man trinken kann**

In besonders trockenen Gegenden wachsen Bäume und Sträucher, die in ihren Wurzeln Flüssigkeit gehortet haben. Wenn du sie ausgräbst und aufschneidest, kannst du daraus trinken wie aus einem Wassersack. Auch Lianen enthalten viel Flüssigkeit, die aus einer schrägen Schnittstelle wie aus einem undichten Wasserhahn tropft. Bambus enthält meist in den Hohlräumen Wasser. Achte immer darauf, ob die bei solchen Verfahren gewonnene Flüssigkeit milchig ist oder verdächtig schmeckt – dann ist sie ungenießbar. Grundsätzlich empfiehlt es sich, Wasser abzukochen. Nur Quellwasser oder Regenwasser sind ohne Vorsichtsmaßnahme trinkbar.
Wenn es regnet, mußt du natürlich alle Chancen nützen, soviel Wasser wie möglich zu gewinnen. Du kannst Zisternen bauen, also einfache trichterförmige Gruben, die du mit Zeltplanen oder Plastikfolien auslegst; aus deinem Hemd läßt sich eine Regenrinne machen, um das Wasser in verschiedene Behälter zu leiten, notfalls in die Schuhe. Beutel oder Rucksäcke werden zweck-

mäßig am Ende von Zweigen aufgehängt, wo der Regen abfließt.

Im Winter, bei Schnee, gibt es kein Verdursten. Denn Schnee und Eis lassen sich trinken. Man darf sie nur nicht brockenweise runterschlucken, sondern muß sie im Mund erst auftauen. In der Nähe von Städten und Industrieanlagen allerdings kann auch der Schnee Giftspuren enthalten.

**Fische als Retter in höchster Not**

Die Eisschollen im Meer verlieren mit der Zeit den Salzgehalt des Wassers, aus dem sie entstanden sind. Man kann sie also ebenfalls schmelzen und trinken.

Das salzhaltige Meerwasser darf man jedoch nicht zu sich nehmen, denn es entzieht dem Körper die Feuchtigkeit, und deshalb ist es wiederholt vorgekommen, daß ganze Schiffsbesatzungen mitten im Wasser verdurstet sind. Und doch gibt dir die Natur eine Chance: die Fische scheiden das Salz aus und speichern Süßwasser in ihren Körpern. Dieses Wasser läßt sich gewinnen, wenn man Fische in Scheiben schneidet, in ein Tuch einwickelt und dann auswringt. Thor Heyerdahl rettete sich bei seiner abenteuerlichen Reise mit dem Floß Kon-Tiki auf diese Weise vor dem Verdursten. In Survival-Lehrgängen wird allerdings angeraten, für dieses Verfahren vorsichtshalber Fische zu vermeiden, die »nicht wie Fische aussehen« oder ohne Gräten sind. Sie könnten giftig sein. Die anderen Fische sind im allgemeinen unbedenklich.

Auch am Strand des Meeres findest du Süßwasser, selbst dann, wenn es dort nur Sand und Wüste gibt. Du wartest bis zur Ebbe und schaufelst nahe der höchsten Flutstelle ein Loch. Bald stößt du auf Grundwasser, das keinen Salzgehalt hat: das Salzwasser ist nämlich schwerer als Süßwasser und versickert tief im Sand. Was oben bleibt, kannst du trinken. Wenn es ganz leicht salzig schmeckt, schadet das nichts, es ist sogar erwünscht, da du bei großem Schweißverlust Salz verlierst. Salz aber braucht der menschliche Körper.

Bei allen Notfällen ist wichtig, daß man die Nerven nicht verliert. Du mußt beobachten, richtige Schlüsse ziehen und in aller Ruhe deine Chancen nützen. Eine Chance gibt's immer!

Laß mich dieses Kapitel abschließen mit der traurigen Geschichte jenes französischen Völkerkundlers, der übersehen hat, seine Chance zu nützen. Er fuhr im Auto durch die Sahara. Plötzlich setzte der Motor aus. Das Auto blieb stehen und ließ sich nicht mehr weiterfahren, 120 Kilometer von der nächsten Oase entfernt. Der Mann geriet in Verzweiflung. Weit und breit nur Sand und Sonne und keine Menschenseele. Er fühlte sich verloren und war zu keinem Gedanken mehr fähig. Aus lauter Angst, in dieser wasserlosen Wüste verdursten zu müssen, dachte er nicht daran, daß in seiner nächsten Nähe genügend Wasser war: im Kühltank seines Autos! Jedes Kühlwasser ist trinkbar, vorausgesetzt, es enthält keine chemischen Zusätze wie etwa Frostschutzmittel, was natürlich in der Sahara nicht der Fall war.
Er starb den qualvollen Tod des Verdurstens, unmittelbar neben einem gefüllten Wassertank, fünf Stunden bevor die Retter kamen.

# Lächeln gehört zum Gesundheitstraining

**Die Geschichte vom Pfadfinderschritt**

In Afrika beobachtete Baden-Powell, daß die Eingeborenen eine besondere Methode hatten, wenn es galt, zu Fuß weite Strecken durch Steppe und Urwald zurückzulegen: sie liefen und gingen wechselweise jeweils genau dieselbe Anzahl von Schritten. Baden-Powell, Neuem immer aufgeschlossen, probierte es auch. Er ging zwanzig Schritte, lief zwanzig Schritte, ging, lief, ging, lief – und das stundenlang. Dabei stellte er zu seiner Verblüffung fest, daß er schnell vorankam, ohne zu ermüden, und daß er sich dabei besonders wohl fühlte. Er fand diese Methode gut und empfahl sie später, knapp nach der Jahrhundertwende, seinen Pfadfindern zum sportlichen Training. »Pfadfinderschritt« nannte er diese Methode.

Viele Jahrzehnte später – vor gar nicht so langer Zeit erst – übernahmen amerikanische Ärzte diesen »Pfadfinderschritt« in ihr Fitneßprogramm. Mit klinischen Tests stellten sie fest, daß der »Pfadfinderschritt« gegenüber den meisten anderen Trimm-Methoden einen großen Vorteil hatte: er machte den Körper durch Dauerbelastung elastisch und fit – schloß aber die sonst dabei üblichen Gefahren der Überanstrengung bei gesunden Menschen fast völlig aus! Dieser unablässig wiederholte Wechsel von Kurzstreckenlauf und Spaziergang, von Anspannung und Entspannung beeinflußt den menschlichen Organismus günstig, vorausgesetzt, daß Übertreibung vermieden wird. Bald tauchten neue Namen für diese Methode auf: man sprach vornehm von Intervalltraining oder salopp von Jogging. Wie immer man diese Methode nannte – sie trat einen Siegeszug um die ganze Welt an und gehört heute zum Trainingsprogramm fast jedes Sportvereins, Fitneßklubs und Sanatoriums.

**Maßvoll betriebener Sport ist gesund**

Diese Geschichte vom Pfadfinderschritt ist nicht der einzige Beweis dafür, daß Baden-Powell, ohne Arzt gewesen zu sein, schon früh den Wert maßvoll ausgeübten Sports für die Gesundheit erkannte. Damals, um die Jahrhundertwende, war der Sport noch keine Massenbewegung, sondern das belächelte Hobby einer Minderheit meist älterer Herren. Die Turner galten als Sonderlinge und verschrobene Muskelprotze. Sie wirkten tatsächlich komisch, wenn sie mit ihren aufgezwirbelten Schnurrbärten, mit todernster Miene und meist in geringelten Trikots zum Gemeinschaftsturnen in Reih und Glied aufmarschierten.

Baden-Powell befreite die Turnerei vom alten Zopf und entwarf eine lockeres Sportprogramm für die Jugend. Er empfahl seinen Pfadfindern, in einfachen Turnhosen und nicht in Ringeltrikots Sport zu treiben. Bewußt verzichtete er dabei auf jeden Drill. Beim ersten gemeinsamen Turnen auf der Insel Brownsea gab's kein Aufmarschieren in Reih und Glied. Jeder Pfadfinder konnte sich hinstellen, wo er gerade wollte. Keiner war gezwungen mitzumachen – aber alle machten mit. Denn Baden-Powell war bemüht, dem Sport das damals anhaftende Image der sturen Pflichtübung zu nehmen. Es durfte auch gelacht werden, und manchmal wurde genausoviel gelacht wie geübt. Mit dieser lässigen, gelösten Einstellung förderte Baden-Powell die Lust am Turnen. Seine Methode trug wesentlich dazu bei, daß die allgemeine Begeisterung – besonders aber bei der Jugend – für den Sport zu wachsen begann.

**Übertriebener Sport macht krank**

Heute freilich wird der Sport zum Teil in lebensgefährlicher Weise übertrieben. Die gesunde Lust am Wetteifer hat sich vielfach zum krankhaften Ehrgeiz entwikkelt. Die Jagd nach Höchstleistungen geht auf Herz und Nieren, auf Nerven und Knochen. Juristen müssen Gesetze ersinnen, um zu verhindern, daß junge Sportler durch Doping, also mit aufputschenden Mitteln und hormonellem Kraftfutter rücksichtslos kaputtgemacht werden. Die Trimm-dich-Bewegung, als maßvolles Training für jedermann entwickelt, wird von vielen Menschen so übereifrig und maßlos geübt, daß die Ärzte bereits warnen und von Fitneßschäden sprechen. Sport kann krank machen. So weit ist es gekommen.

Und siehe: auch jetzt wieder, in unseren Tagen, ist gültig, was Baden-Powell nach der Jahrhundertwende sagte, als hätte er diese Entwicklung vorausgesehen: »Für den jungen Menschen besteht die richtige Methode, sich zur Ausdauer zu erziehen, nicht darin, daß er Rekordleistungen zu vollbringen trachtet, da dies höchstens sein Herz schädigen und zu seinem völligen Zusammenbruch führen kann. Besser ist es, wenn er durch kräftige Nahrung und maßvolle körperliche Übung gesund und stark wird. Nur so wird er dann später als Mann mit gestählten Muskeln alle Schwierigkeiten und Strapazen ertragen können, bei denen ein Schwächerer versagen würde.«

Natürlich ist Baden-Powell nicht der einzige, der dies erkannt hat. Viele Ärzte, Turnlehrer und Bewegungstherapeuten haben in den letzten Jahrzehnten Methoden entwickelt, die ausgezeichnet geeignet sind, den Körper fit und elastisch zu halten. Sicherlich kennst du einige davon. In der Schule habt ihr gewiß schon danach geturnt. Ich würde dir damit also kaum etwas Neues bieten.

**Die Methode von Baden-Powell**

Aber sicher wird dich interessieren, was Baden-Powell den ersten Pfadfindern damals auf der Insel Brownsea erzählte, wie er mit ihnen zusammen turnte, was er für schädlich und was für nützlich hielt. Deshalb will ich Baden-Powells Gesundheitsprogramm hier kurz zusammenfassen.

Da ist zunächst einmal der schon erwähnte »Pfadfinderschritt«. Wähle eine dir angenehme Anzahl von Schritten für den Wechsel von Gehen und Laufen, die du beibehältst, und mach dich auf den Weg, durch Wald und Wiesen, am Bach entlang, wo immer du Lust hast. Am meisten Spaß macht der Pfadfinderschritt in der Gruppe.

Fahr viel mit dem Rad. Radfahren ist gesellig und von hohem gesundheitlichem Wert. Ärzte unserer Zeit haben durch Tests festgestellt, daß es zu den Sportarten gehört, die ein Höchstmaß an Sauerstoffaufnahme ermöglichen.

Klettere auf Bäumen herum, auf einem selbstgemachten Lagerturngerät oder an einem Seil: das trainiert fast alle Muskelgruppen und schult den Gleichgewichtssinn. Nach Baden-Powells Auffassung ist Klettern die beste Turnübung überhaupt.

**Gut fürs Gehirn: Balancieren**

Balanciere auf einem Balken. Diese Übung, früher von Gegnern Baden-Powells als sinnlose Spielerei verlacht, ist heute wieder zu Ehren gekommen. Mediziner haben die erstaunliche Feststellung gemacht, daß sie über die Gleichgewichtsorgane im Ohr direkt auf die Großhirnrinde einwirkt, also ein Training des Gehirns, der Intelligenz und der Gedächtnisfähigkeit ist!

Tanze nach Musik. Es können moderne Tänze oder Volkstänze sein. Wichtig ist nur, daß du dich zur Musik rhythmisch bewegst. Als Baden-Powell in Afrika einmal um sein Leben laufen mußte, entkam er seinen Verfolgern, weil er mit der beim Volkstanz gewonnenen Geschicklichkeit von Stein zu Stein eines Geröllfeldes sprang.

Natürlich haben die Gegner Baden-Powells bespöttelt, daß er den Pfadfindern das Tanzen empfahl. Wie recht er damit hatte, erwies sich erst viel später. Heute wissen die Ärzte, daß das Tanzen eine erstaunliche Heilwirkung im Kampf gegen Zivilisationskrankheiten ausübt. Es wird gezielt als Therapie eingesetzt. 1972 entstand sogar ein Tanzkurhotel in Enzklösterle (Schwarzwald), wo sich Kranke – neben anderen Heilmaßnahmen natürlich – gesund tanzen sollen.

Der Gesang ist ebenfalls gesund, sagte Baden-Powell. Denn wer singt, der stärkt seine Lunge.

Schwimme viel, forderte Baden-Powell seine Pfadfinder auf. Denn es macht alle Muskelpartien des Körpers fit und ist gut für die Atmung.

Lächle! Ja, auch Lächeln gehört zum Gesundheitsprogramm von Baden-Powell. Er schrieb dazu folgendes: »Wer nicht lacht, ist krank. Lacht, soviel ihr könnt! Es tut euch gut. Macht auch andere Leute lachen, denn auch ihnen tut es gut. Fühlst du dich krank, dann lächle, und sogleich wirst du eine große Wirkung verspüren. Bedenke, daß alle wirklich tüchtigen und berühmten Leute ziemlich lustige Gesellen waren. Aus dem Lächeln kommt eine ungeheure Kraft.«

Bade und halte dich reinlich, denn die Reinigung der Haut fördert die Reinigung des Blutes, sagt Baden-Powell. Wenn du keine Möglichkeit zu baden hast, dann reibe dich wenigstens mit einem feuchten Tuch ab. Wer reinlich ist, wird bei einer Verletzung möglicherweise die Infektion der Wunde vermeiden.

**So macht man eine Zahnbürste**

Pflege auch deine Zähne, denn die Nahrungsmittel, die du beim Lager in der Natur oder in der Wildnis bekommst, müssen besser gekaut werden als die weichgekochten Mahlzeiten in der Zivilisation. Ob du gute oder schlechte Zähne hast, hängt größtenteils von der Pflege ab, die du ihnen in der Jugend hast angedeihen lassen. Wenn du keine Zahnbürste bei dir hast, kannst du dir eine nach Eingeborenenart machen: indem du ein trokkenes Stäbchen an einem Ende in Fasern spaltest.

Die Kleidung soll ebenfalls rein und gepflegt sein, luftig und locker, sie soll Schweiß aufsaugen und schnell trocknen.

Vermeide Alkohol, denn das Trinken kann – so Baden-Powell – »zu Armut und Elend, zu Verbrechen, Krankheit und Irrsinn führen.«

Rauche nicht, denn »es schadet deiner Gesundheit und zerstört deinen Geruchssinn, den du als Pfadfinder in der Natur brauchst«. Für diese Worte wurde Baden-Powell knapp nach der Jahrhundertwende angefeindet. Damals galt das Rauchen nämlich nicht als schädlich. Heute weiß man jedoch, daß Krebserkrankungen, Herzinfarkte, krankhafte Veränderungen der Blutgefäße und absterbende Gliedmaßen (Raucherbein) vom Rauchen verursacht werden können. 99 von 100 Beinamputierten sind Raucher. Elf von zwölf Lungenkrebspatienten sind Raucher! Heute zweifelt niemand mehr, daß Baden-Powell damals recht hatte, als er seinen Pfadfindern vom populären und angeblich harmlosen Hobby des Rauchens abriet.

Eine weitere Empfehlung von Baden-Powell lautet: Steh früh auf, denn in der Früh kannst du am meisten leisten. Deshalb haben sportliche Übungen zu dieser Stunde den größten Wert.

Zu den Gymnastikübungen, die er morgens im Freien oder am offenen Feuer empfahl, sagte Baden-Powell: »Für jeden Knaben, auch wenn er klein und schwach ist, besteht die Möglichkeit, ein starker und gesunder Mann zu werden, wenn er sich die Mühe nimmt, täglich sechs Leibesübungen durchzuführen. Diese nehmen nur etwa zehn Minuten in Anspruch und erfordern kein Gerät.«

1. Übung für Kopf und Hals: Massiere mit Handflächen und Fingern mehrmals den Kopf und das Gesicht, knete die Muskeln an Nacken und Kehle.
2. Übungen für Lunge und Brust: Beuge dich mit abwärts hängenden Armen und zusammengelegten Handrücken vor, und atme stark ein. Richte dich auf, schwinge die Arme über den Kopf nach rückwärts, bis sie hinter dem Rücken herabhängen. Hebe den Kopf, und beginne langsam auszuatmen. Hauche dabei das Wort »danke« aus. Beuge dich dann, immer noch ausatmend, vornüber, schwinge die Arme vor, und drücke den Rest an Luft intensiv aus der Lunge. Sprich dabei die Zahlen »eins«, »zwei«, »drei« und so weiter, je nachdem wie oft du diese Übung gerade machst. Insgesamt sollst du sie zwölfmal machen.
3. Übung für den Magen und die inneren Organe: Stell dich aufrecht hin, strecke die Arme waagrecht nach vorne und schwinge sie dann beide in die gleiche Richtung so weit wie möglich nach links und rechts. Atme im Rhythmus dieser Übung durch die Nase ein und durch den Mund aus. Insgesamt zwölfmal.
4. Übungen für Rumpf und Rücken: Stell dich aufrecht hin, und hebe die Arme mit verschränkten Fingern über den Kopf. Schwinge dann die Arme kegelförmig herum, so daß die Hände einen großen Kreis beschreiben. Der Körper soll sich von den Hüften aus kreisförmig nach allen Seiten beugen, und zwar so weit, daß du siehst, was hinter dir vorgeht. Beim Rückwärtsschwingen einatmen, beim Vorwärtsschwingen ausatmen. Sechsmal linksherum, sechsmal rechtsherum.
5. Übung für den Magen, den Darm und die Wadenmuskeln: Gerade hinstellen und Hände emporheben. Streck dich so weit wie möglich nach rückwärts, und atme ein. Beuge dich dann vor, und berühre, ohne die Knie abzubiegen, mit den Fingerspitzen die Zehen. Mach die Übung insgesamt zwölfmal.
6. Übungen für Beine, Füße und Zehen: Stell dich auf die Zehenballen, und stütze die Hände in die Hüften, drücke die Knie nach außen, und geh in Hockstel-

lung. Steh dann auf und streck dich. Geh dann wieder in Hockstellung. Insgesamt zwölfmal. Bleib dabei immer auf den Zehenballen! Nicht die Fersen aufsetzen.

Wichtig bei diesen und allen anderen Übungen von Baden-Powells Gesundheitsprogramm ist, daß sie ohne Zwang, ohne Drill und mit viel Spaß ausgeübt werden. Am besten lassen sie sich gemeinsam bei Spielen und Wettkämpfen durchführen.

»Die Gesundheit«, so sagte Baden-Powell einmal, »ist im Rahmen deiner von der Natur mitgegebenen Möglichkeiten keine Glückssache, sondern eine Sache deiner eigenen Verantwortlichkeit. Du kannst sie, wie alle anderen Fähigkeiten auch, durch Training verbessern – wenn du nur willst.«

# DRITTER TEIL

## Das
## Handbuch
## der
## Ersten Hilfe

## Vorsicht: Vieles ist veraltet

**Du kannst das Leben eines Menschen retten**

Als Pfadfinder ist die Hilfsbereitschaft für dich eine Selbstverständlichkeit. Deshalb lernst du auch, wie du einem Verletzten am besten und schnellsten helfen kannst. Möglich, daß du einen Freund aus deiner Patrouille, deine Eltern oder Geschwister einmal durch gezielte Sofortmaßnahmen vor dem Tode retten mußt – möglich auch, daß ein fremder Mensch später einmal sagen wird, daß er sein Leben einem Pfadfinder verdankt, weil du es warst, der ihm in größter Not mit Erster Hilfe beigestanden hat.

»Es ist ziemlich sicher«, so Baden-Powell zu diesem Thema, »daß beinahe jeder von euch eines Tages bei einem Unfall zugegen sein wird. Du kannst dir dann für dein ganzes Leben die Befriedigung holen, einen Menschen gerettet oder ihm beigestanden zu haben, wenn du weißt, was zu tun ist, und es sofort tust. Denke an den Pfadfinder-Wahlspruch: ›Allzeit bereit‹. Sei bereit für Unfälle, indem du im voraus lernst, was du bei den verschiedenen Arten, die sich aller Wahrscheinlichkeit nach ereignen können, tun sollst.«

Wer vor längerer Zeit schon die Erste Hilfe erlernt hat, wird in diesem Kapitel einige neue, teils verblüffende Empfehlungen finden. Im Gegensatz zu früher dürfen Wunden beispielsweise nicht mehr desinfiziert und Knochenbrüche nicht mehr geschient werden. Dafür aber muß man Brandwunden an den Gliedmaßen mit kaltem Wasser behandeln, was früher als gefährlich galt und streng verboten war!

Diese neuen Empfehlungen stützen sich auf jüngste Erfahrungen. Die Experten des Roten Kreuzes und anderer Hilfsorganisationen, Notärzte und Sanitäter haben viele Jahre hindurch Hunderttausende von Unfällen ausgewertet und dabei die alarmierende Feststellung gemacht, daß einige der früher geübten Erste-Hilfe-Maßnahmen überaltet sind und zum Teil sogar mehr schaden als nützen!

Neue, zuverlässige Methoden wurden entwickelt, getestet und nach Bewährungsproben empfohlen. Das Sy-

stem der Ersten Hilfe wurde revolutioniert. Jetzt gilt es, die neuen Methoden allgemein bekanntzumachen.
Die folgenden Seiten sind auf dem aktuellsten Stand. Sie enthalten alle neuen Methoden und darüber hinaus natürlich auch die seit Jahrzehnten geübten Maßnahmen der Ersten Hilfe, soweit sie den Erkenntnissen moderner Notfallmedizin entsprechen und nach wie vor als richtig empfohlen werden. Ich wurde dabei von einem hochqualifizierten Fachmann beraten – von Herrn H. G. Dönhöfer, Dozent für Erwachsenenbildung und Ausbildungsleiter des Bayerischen Roten Kreuzes –, der auch das Manuskript gelesen hat, so daß ich dieses Kapitel mit ruhigem Gewissen dir und deinen Freunden übergeben kann.

**Spiele Notfälle mit deinen Freunden durch!**

Allerdings: dieses ABC der Ersten Hilfe ist nur ein Nachschlagewerk. Die praktischen Erfahrungen ersetzt es dir nicht. Ich empfehle dir deshalb dringend, einen Erste-Hilfe-Kurs zu machen. In einem Zusatzlehrgang lernst du auch die lebensrettende Herzdruckmassage, die nur nach praktischem Üben angewandt werden darf und nicht aus einem Buch erlernt werden kann. Wenigstens einer in eurer Patrouille soll in Erster Hilfe ausgebildet und geprüft sein. Wichtig ist es, daß du die in diesem Kapitel geschilderten Maßnahmen, soweit möglich, mit deinen Freunden durchspielst und probierst, damit im Ernstfall jeder Handgriff sitzt.
Anzuraten ist auch ein Kurs für Rettungsschwimmer, schon im Interesse der eigenen Sicherheit: ein Ertrinkender kann mitunter in seiner Todesangst den Retter umklammern und mit in die Tiefe ziehen. In so einem Fall retten dich nur Befreiungsgriffe. Diese Befreiungsgriffe mußt du aber gelernt haben!
Noch etwas: als Pfadfinder bist du viel im Freien, und da sind kleine Kratzer, Schnitt- und Schürfwunden leicht möglich. Jede auch noch so winzige Verletzung kann zum Wundstarrkrampf (Tetanus) führen, zu einer qualvollen, meist tödlich endenden Infektion. Dagegen bist du nur durch eine sogenannte »Grundimmunisierung« geschützt. Falls du nicht schon grundimmunisiert bist, solltest du das rasch nachholen. Bitte deine Eltern, daß sie dich vom Arzt grundimmunisieren lassen.

**Laß dich nicht aus der Ruhe bringen!**

Bevor ich auf die Einzelheiten der Ersten-Hilfe-Maßnahmen eingehe, möchte ich dich auf sechs Grundsätze hinweisen:

1. Keine Hilfsaktion darf mehr schaden als nützen!
2. Jede noch so harmlose Verletzung kann große Folgen haben, zum Beispiel einen Schock auslösen. Das bedeutet: Lebensgefahr! Unter dem Stichwort »Schock« findest du die Anzeichen und die Maßnahmen aufgezählt. Ich erwähne die Schockwirkung unter den einzelnen Stichworten dann nicht mehr.
3. Einem Bewußtlosen darfst du niemals Flüssigkeit einflößen, weil er nicht schlucken kann und daran erstickt.
4. Hilf ruhig und gelassen, ohne Hektik, damit sich der Verletzte in guten Händen weiß und nicht das Gefühl bekommt, er sei besonders schwer verletzt. Rede ihm gut zu.
5. Verhindere das vielleicht gutgemeinte, aber falsche Eingreifen von Wichtigtuern, die nichts von Erster Hilfe verstehen.
6. Jeder Verunglückte soll nach einer Hilfeleistung grundsätzlich von einem Arzt nachuntersucht werden. Bei Lebensgefahr ist die ärztliche Versorgung auf dem schnellsten nur möglichen Weg zu veranlassen. Auch diese beiden Punkte erwähne ich unter jedem einzelnen Stichwort nicht immer aufs neue.

Und nun zum ABC der Ersten Hilfe.

# ABC der Ersten Hilfe

**Eine gefährliche Methode**

Gleich am Anfang muß ich auf eine früher allgemein empfohlene und nach neuesten Erkenntnissen sehr gefährliche Maßnahme hinweisen:

*Abbinden*
Es ist das allerletzte Mittel in höchster Not, um eine lebensbedrohliche Blutung aus einer Wunde zu stoppen. Vorher muß in jedem Fall die Blutstillung durch Wundverband, Druckverband oder Abdrücken der Schlagader versucht werden. (Siehe *Wundverband, Druckverband* und *Abdrücken*.) Jede Abbindung läßt sich durch Abdrücken ersetzen! Auch stundenlanges Abdrücken ist dem Abbinden vorzuziehen, selbst wenn sich die Retter dabei abwechseln müssen. Ich sage das so deutlich, weil das Abbinden mit erheblichen Gefahren verbunden ist. Nach neuesten medizinischen Erkenntnissen bilden sich in einem abgebundenen Körperteil nach einiger Zeit Gifte, die beim Lockern oder Lösen der Abbindung in den Körper zurückfließen und – je nach Dauer der Abbindung – leichte, schwere oder tödliche Schocks auslösen, andererseits sterben abgebundene Körperteile langsam ab. Sie werden unter anderem leichter von schweren Wundkrankheiten befallen und müssen mitunter sogar amputiert werden! Beim Abdrücken der Schlagader entstehen diese Gefahren nicht. Das Abbinden ist daher nur beim Versagen aller anderen Mittel erlaubt, beispielsweise im Katastrophenfall, wenn gleichzeitig mehrere Menschen zu verbluten drohen und zu wenige Helfer da sind, um allen Verletzten die Schlagadern abzudrücken.
Entsteht diese fatale Situation, dann beachte folgendes: Die Abbindung darf nur am Oberarm und am Oberschenkel angebracht werden, sonst nirgends. Die Binde muß aus breitem, weichem Material sein – am besten aus deinem Dreieck-Halstuch – und darf nicht einschnüren. Draht, Schnur oder Seil sind verboten.
Abbindung am Oberarm: Arm senkrecht hochhalten, Halstuch als Schlinge um die Mitte des Oberarms legen,

beide Enden durch die Schlinge ziehen, beide Enden kräftig auseinanderziehen, bis die Blutung steht, und unter Zug um den Arm verknoten.
Abbindung am Oberschenkel: Halstuch locker um den Oberschenkel knoten, Knebel zwischen Bein und Tuch schieben und vorsichtig drehen, bis Blutung steht. Dann Knebel in dieser Stellung festlegen.

**Mitteilung auf die Stirn schreiben**

Der Pulsschlag darf im abgebundenen Körperteil nicht mehr zu spüren sein. So schnell wie möglich zum Arzt. Die Abbindungsmitteilung für den später behandelnden Arzt soll den Namen des Verunglückten und den genauen Zeitpunkt der Abbindung enthalten und wird am besten auf die Stirn geschrieben, damit sie nicht übersehen wird.
Wenn befürchtet werden muß, daß der Verletzte mit der Abbindung nicht sofort in ärztliche Behandlung kommt, muß die Abbindung sachkundig alle 20 Minuten zum Zweck der Durchblutung kurz gelockert werden: zwei bis drei, bei schwacher Blutung maximal fünf Minuten. Die Giftbildung und Schockwirkung sind dann noch gering. Trotzdem müssen beim Betroffenen alle Maßnahmen zur Schockbehandlung vorsichtshalber angewendet werden (siehe *Schock*). Meist läßt sich dann die Abbindung durch Druckverband ersetzen.

*Abdrücken*

Das ist die vorübergehende Unterbrechung einer Blutung durch Druck auf die Schlagader zwischen Wunde und Herz.
Schläfenschlagader: Daumendruck zwischen Augenbrauenrand und oberem Ohrmuschelrand.
Unterkieferschlagader: Daumendruck gegen den waagrechten Teil des Unterkiefers direkt vor dem Kieferwinkel.

**Der lebensrettende Griff an den Hals**

Halsschlagader: Fingerdruck in der Halsmitte gegen die Wirbelsäule – jedoch nicht gegen Kehlkopf und Luftröhre! Wichtig: Niemals beide Halsschlagadern gleichzeitig abdrücken!
Schlüsselbeinschlagader: Druck mit gestrecktem Finger über die Mitte des Schlüsselbeins senkrecht nach unten.

Bauchschlagader: Mit der Faust in Nabelhöhe senkrecht gegen die Wirbelsäule drücken.
Oberschenkelschlagader: Doppelter Daumendruck von oben nach unten in der Mitte der Leiste auf den darunterliegenden Knochen.
Oberarmschlagader: Druck mit vier Fingern einer Hand in die Muskellücke auf der Oberarminnenfläche gegen Oberarmknochen.
Wichtig: Die Blutung aus einer durch Druckverband nicht versiegenden Wunde kann durch Abdrücken in jedem Fall genauso gestoppt werden wie durch Abbinden. Da Abbinden mit großen Gefahren verbunden ist, muß es unbedingt durch Abdrücken ersetzt werden!

*Atemerleichterung*
Der Verunglückte sitzt auf dem Boden und lehnt den Rücken gegen das schräggestellte Bein des Helfers. Er soll beide Arme nach hinten aufstützen können.

*Atemkontrolle*
Neben dem auf dem Rücken liegenden Verunglückten knien. Eine Hand seitlich auf den Brustkorb an den untersten Rippenbogen legen, die andere Hand auf die Magengrube. Wenn beide Hände das Heben und Senken von Brustkorb und Bauch spüren und hörbare Atemgeräusche aus Nase und Mund entweichen, atmet der Mensch.

*Atemnot*
Atemerleichterung durch besondere Sitzhaltung (siehe *Atemerleichterung*). Bei Bewußtlosigkeit in stabile Seitenlage bringen. Gegebenenfalls Atemwege frei machen und Atemspende. (Siehe *Seitenlage* und *Atemspende*.)

*Atemspende*
Bei Atemstillstand – falls erforderlich – Atemwege freimachen: Mit beiden Daumen Unterkiefer des Verunglückten abwärts drücken und notfalls einen Gegenstand zwischen die Zahnreihen schieben. Aus dem aufgesperrten Mund lassen sich Fremdkörper mit der Hand leicht entfernen.

**Erst Fremdkörper entfernen!**

Danach Überstrecken des Halses: Verletzter in Rückenlage. Helfer kniet neben ihm. Eine Hand an der Stirnhaargrenze. Zweite Hand am Kinn, der Daumen schiebt die Unterlippe empor und verschließt damit den Mund. Beide Hände überstrecken den Kopf vorsichtig, aber stark nackenwärts und halten ihn so. Meist setzt dann die Atmung ein. Wenn nicht, dann sofort Mund-zu-Nase-Beatmung oder Mund-zu-Mund-Beatmung anwenden.

Mund-zu-Nase-Beatmung: Überstrecken des Halses, Mund verschließen. Der Retter setzt seinen weitgeöffneten Mund um die Nase des Verletzten herum auf und beatmet 15mal in der Minute. Nach jeder Atemspende hebt der Retter seinen Mund ab, um einzuatmen. Dabei soll er an dem Verletzten das Zurücksinken von Brustkorb und Oberbauch beobachten.

Mund-zu-Mund-Beatmung: Überstrecken des Halses, Nase zudrücken. Der Retter setzt seinen Mund auf den nur wenig geöffneten Mund des Verunglückten und hebt nach jeder Atemspende den Kopf, um selbst einzuatmen.

Die Mund-zu-Mund-Beatmung und die Mund-zu-Nase-Beatmung sollen nur an einem »Phantom« (Puppe) gelegentlich eines Erste-Hilfe-Kurses unter fachmännischer Anleitung geübt werden. Sie sind dann einfach anzuwenden.

**Besorg dir eine Atemmaske!**

Beatmung mit Atemmaske: Seit jüngster Zeit werden von Automobilklubs Atemmasken auch an Nichtmitglieder abgegeben.

Jede Patrouille sollte mindestens eine solche Maske besitzen. Die Atemspende ist damit sehr vereinfacht, von jedem ohne Übung anzuwenden. Gebrauchsanweisung auf der Verpackung.

Atemspende bei Kindern und Kleinkindern:

Hals vorsichtig überstrecken. Der Retter setzt den eigenen Mund über Nase und Mund des Kindes, beatmet schneller, leichter und kürzer als bei Erwachsenen, etwa 30mal in der Minute. Bei Kleinkindern etwa 40mal.

*Atemstillstand*

Atemspende durchführen, gegebenenfalls mit Herzdruckmassage kombinieren (siehe *Herzdruckmassage*).

*Augenverletzung*

**Ein Auge verletzt: beide Augen verbinden**

Fremdkörper durch Überziehen des oberen Lids über das untere zu entfernen versuchen. Läßt sich der Fremdkörper so nicht entfernen – Glassplitter, Metallspäne und dergleichen –, dann keine weiteren Versuche unternehmen, sondern beide Augen verbinden (auch wenn nur ein Auge verletzt ist) und sogleich zum Arzt. Bei Verätzungen: langandauernde Augenspülung mit Wasser oder Kamillentee aus zehn Zentimeter Höhe. Die Flüssigkeit soll vom inneren Augenwinkel zum äußeren Augenwinkel abfließen. Bei Verätzungen sind feste ätzende Teilchen – zum Beispiel Kalk – sofort mit dem Ende eines Taschentuches zu entfernen!

*Bauchschmerzen*

Wenn sie nicht gleich vorübergehen oder wenn der Bauch bretthart wird, besteht möglicherweise Lebensgefahr. Bis zur Versorgung durch den Arzt Bettruhe, Deckenrolle unter die angezogenen Knie des Kranken. Nichts essen, nichts trinken, nicht rauchen!

*Bauchverletzung*

Geschlossene (innere) Verletzungen müssen bei jeder Gewalteinwirkung auf den Bauch angenommen werden. Anzeichen wie Schmerzen und zunehmende Bauchdeckenspannung treten in diesem Fall immer auf. Flach lagern, Rolle unter die angezogenen Beine. Beruhigung. Nichts essen, nichts trinken und nicht rauchen! Liegend transportieren.
Bei offener Bauchverletzung: Hervorquellende Eingeweide nicht zurückschieben, sondern mit keimfreier Wundauflage bedecken und befestigen. Nichts essen, nichts trinken, nicht rauchen!

*Bewußtlosigkeit*

Atmung prüfen. Gegebenenfalls Atemwege frei machen. Bei aussetzender Atmung beatmen. Kreislauf prüfen, (Puls fühlen). Bei intakter Atmung stabile Seitenlage (s. *Seitenlage*). Ursache der Bewußtlosigkeit ermitteln.

**Schlangenbiß nicht aussaugen!**

*Biß*

Bei Schlangenbiß sofort Stauung anlegen (siehe *Stauung*). Jede Bewegung des Verletzten vermeiden, damit der gestörte Blutkreislauf nicht zusätzlich belastet wird. Nicht aussaugen, da du dich dabei selbst vergiften kannst.
Bei Tierbiß: Gefahr von Tollwut. Mit Seifenwasser gründlich waschen. Keimfreier Verband.

*Blitzschlag*

Bei Herz- und Atemstillstand Herzdruckmassage und Atemspende. Keimfreie Abdeckung der Brandwunden. Siehe auch unter dem Kapitel »Wenn's gefährlich wird« ab Seite 145.

*Blutung*

Nach den neuesten Erkenntnissen der Medizin darf eine Wunde vom Ersthelfer nicht ausgewaschen, nicht mit Puder, Salbe oder Desinfektionsmittel behandelt und nicht von Fremdkörpern befreit werden. Sie ist so, wie sie vorgefunden wird, keimfrei zu bedecken und zu verbinden. Die Erfahrung hat gezeigt, daß eine von Laien ausgeführte Desinfektion zu einer zusätzlichen Infektion führen kann und daß ein Arzt für die spätere Heilbehandlung die günstigsten Voraussetzungen findet, wenn eine Wunde in Ruhe gelassen wird. Nur Bißwunden von Tieren müssen mit Seifenwasser ausgewaschen werden.

**Es kann um Sekunden gehen**

Bei Blutungen aus der Schlagader ist akute Lebensgefahr gegeben. Es kann um Sekunden gehen.
Deshalb muß das im Herzrhythmus stoßweise hervorschießende hellrote Blut ohne Rücksicht auf Schmerzen oder Keimfreiheit so schnell wie möglich gestoppt werden.
Erstens: durch Abdrücken der Schlagader herzwärts der Wunde.
Zweitens: durch Druckverband auf die Wunde (siehe *Druckverband*). 98 Prozent aller Blutungen sind durch Druckverband zu stillen!
Drittens: Sollte der Druckverband nicht ausreichen, dann muß weiter abgedrückt werden. Wichtig: Das Ab-

drücken ist unter allen Umständen dem Abbinden vorzuziehen. Die Retter müssen sich beim Abdrücken gegebenenfalls stundenlang abwechseln (siehe *Abdrükken*). Offen zutage tretende Schlagadern können mit den Fingern abgedrückt werden.

*Blutvergiftung*
Siehe *Lymphbahnentzündung*.

*Brandwunden*
Brennende Personen laufen in ihrer Todesangst meist ziellos umher und entfachen durch den Wind die Flammen noch mehr. Du mußt sie anhalten, niederwerfen, mit Wasser begießen oder mit Decken umhüllen, notfalls am Boden wälzen. Gib acht, daß deine Kleider nicht auch noch Feuer fangen. Feuerlöscher nicht aufs Gesicht richten. Festklebende Verbrennungsrückstände der Kleider oder des chemischen Brennmaterials nicht vom Körper reißen. Allen Brandverletzten, die bei Bewußtsein sind, salzhaltige Flüssigkeit schluckweise einflößen: zwei Teelöffel Kochsalz auf einen Liter Wasser. Wenn vorhanden, einen Teelöffel Natriumbikarbonat dazugeben. Dieses Getränk gleicht den bei Brandwunden üblichen Verlust von Wasser, Schweiß, Salzen und Gewebsflüssigkeit aus.

**Kaltes Wasser auf Brandwunden!**

Verbrennungen an Gliedmaßen: In oder unter das kalte Wasser halten, bis eine dauernde Schmerzlinderung eintritt, mindestens jedoch 15 Minuten. Danach keimfreie Abdeckung der Wunden mit Brandwundenverbandtuch, ansonsten frisches Leintuch oder dergleichen. Keine Salben, kein Puder, kein Desinfektionsmittel.
Verbrennung am Körperstamm: keimfreie Bedeckung der Wunden – sonst nicht behandeln. Der Verletzte soll vorsichtig zugedeckt werden. Bei Gesichtsverbrennung: keine Bedeckung der Brandwunden.

*Brüche*
Erkennbar an der unnatürlichen Stellung und Form des betroffenen Körperteils, bei offenen Brüchen durch blutende Wunde.
Offene Wunde keimfrei bedecken.

Wichtig: Nach jahrelangen Beobachtungen empfiehlt die Chirurgie dem Laien nicht mehr, die Knochenbrüche wie bisher zu schienen. Die Erfahrung hat gezeigt, daß dabei mehr Schaden als Nutzen angerichtet wurde. Die Knochen sollen nur von speziell ausgebildeten und geprüften Helfern geschient werden, ansonsten gelten folgende Empfehlungen:
Schädelbrüche, Schädelbasisbrüche und Unterkieferbrüche nur durch Lagerung ruhigstellen. Bei Schädelhirnverletzungen mit Hirnaustritt die Hirnmasse nicht in die Wunde zurückdrängen, sondern erst keimfrei abdecken, dann Ringpolster aus einem eingerollten Halstuch vorsichtig herumlegen. Wirbelsäulenbrüche können bei Bewegung der Wirbelsäule zum Tod oder zu Lähmungen führen. Deshalb: Patienten wie vorgefunden liegen lassen, nicht bewegen. Nur Fachkräfte dürfen ihn transportieren. Falls der Verletzte aus tödlicher Gefahr geborgen werden muß: siehe *Transport*.
Beckenbruch: wie Wirbelsäulenbruch behandeln. Falls Patient schon auf dem Rücken liegt: Beine behutsam anziehen. Knierolle.
Brüche des Oberschenkels, des Unterschenkels, im Bereich des Hüftgelenks, des Kniegelenks und des Fußgelenks werden nur ruhiggestellt: indem man die gebrochenen Gliedmaßen mit verschiedenartigem Material – mit gerollten Kleidungsstücken, Decken, Aktentaschen und dergleichen – in vorgefundener Lage festlegt.

**Halstuch als Armschlinge**

Brüche im Schultergürtelbereich (Schlüsselbein, Schulterblatt, Schultergelenk, Oberarm, Unterarm), im Ellbogengelenk und Handgelenk werden mit drei Dreieckstüchern – du kannst die Pfadfinder-Halstücher verwenden – ruhiggestellt.
Rippenbruch: Umknotung des Brustkorbs mit zwei Dreieckstüchern, die bei ausgeatmetem Brustkorb um den unteren Rippenrand strammgezogen werden.

*Brustkorbverletzung*
Innere Verletzung der Brustorgane sind erkennbar an Atemnot, Husten, an hellem schaumigem Blut. Maßnahmen: siehe *Atemerleichterung*.
Offene Brustkorbverletzungen erkennbar an pfeifendem

oder schlürfendem Geräusch aus der Wunde und Atemnot. (Höchste Lebensgefahr! Erstbestes Tuch, feuchtes Tuch oder einfach die bloße Hand auf die Wunde pressen. Wenn möglich Wunde keimfrei bedekken, luftdicht mit Pflaster verschließen. Luftdichter Verband oder Druck auf die Wunde müssen bis zur Versorgung durch Arzt oder Sanitäter fortwährend bleiben!

*Brustschmerzen*
Können lebensgefährliche Erkrankungen signalisieren. Bis zur ärztlichen Versorgung: siehe *Atemerleichterung*. Nichts essen, nichts trinken, nicht rauchen! Keine Medikamente ohne ärztliche Verordnung, es sei denn, der Kranke hat eine Arznei für Notfälle dieser Art bei sich.

*Druckverband*
Dient dazu, Blutungen zu stillen. Wird angelegt, wenn der Wundverband nicht ausreicht.
Und so wird ein Druckverband gemacht: keimfreie Auflage auf die Wunde. Darüber Druckpolster (elastisches Material, geschlossenes Verbandpäckchen und ähnliches). Binde oder Dreieckstuch mehrmals drüberwinden und über dem Druckpolster verknoten. Fünf Minuten warten. Falls Blut weiterfließt: zweites Druckpolster über das erste und ebenfalls festbinden.
Der verbundene Körperteil wird hochgelagert.
In den meisten Fällen versiegt die Blutung sehr schnell. Nur wenn das Blut trotz aller Maßnahmen weiterfließt, muß abgedrückt werden (siehe *Abdrücken*).

*Einbrechen im Eis*

**Gefahr für den Retter**

Besonders große Gefahr bei fließendem Wasser, weil der Verunglückte und der Retter von der Strömung unter die Eisfläche gerissen werden können. Der Verunglückte soll Arme ausbreiten und mit Schwimmbewegungen der Beine an der Oberfläche zu bleiben versuchen. Seil oder zusammengeknüpfte Kleidungsstücke zuwerfen. Wenn sich der Retter dem Verunglückten nähern muß, schiebt er eine Leiter oder ein Brett übers Eis. Er soll sich auf Bauch kriechend fortbewegen und mit einem Seil gesichert sein.

*Epilepsie*
Der Betroffene bricht plötzlich zusammen, verfällt in zuckende Bewegungen und Krämpfe, er bekommt Schaum vor dem Mund, wird bewußtlos und hat später keine Erinnerung an den Anfall.
Patienten nicht festhalten, aber mit Kissen, Decken und dergleichen vor zusätzlichen Verletzungen während des Anfalls schützen. Stabile Seitenlage, sobald die Krämpfe vorüber sind. Prüfen, ob beim Zusammenbrechen zusätzliche Verletzungen entstanden sind.

**Erfrierung schon bei sechs Grad plus**

*Erfrierungen*
Treten bereits bei sechs Grad plus (Celsius) auf. Betroffene Körperteile sind weich, blaurot und weißgrau und schmerzhaft, bei schweren Fällen gefühllos, bretthart, steif gefroren bis zur Brüchigkeit.
Anliegende Kleider öffnen, erfrorene Finger, Hand, Zehen und Füße durch Körperwärme wiederbeleben. Der Verletzte darf sich nicht bewegen. Zusätzliche Kleider anlegen und warmes Getränk mit Zucker einnehmen. Eventuell auftretende Hautblasen nicht öffnen, sondern keimfrei abdecken.

*Ertrinken*
Wenn der Ertrinkende noch bei Bewußtsein ist, dann schwimm mit höchster Vorsicht an ihn heran, so daß er dich nicht umklammern kann. Ein Ertrunkener ist im Wasser oft dort zu finden, wo Luftblasen aufsteigen. Umklammere ihn unter Wasser mit einem Arm, und tauche ihn heraus. An der Wasseroberfläche angekommen, nimmst du ihn links und rechts am Kopf, um ihn in Rückenlage ans Land zu bringen.
Leg ihn dort auf den Bauch, stell dich mit gegrätschten Beinen über ihn, und heb ihn an der Hüfte mehrmals ruckartig hoch, so daß das Wasser ausfließen kann.
Danach sofort Atemspende und gegebenenfalls gleichzeitig Herzdruckmassage.

**Schläge, die das Leben retten können**

*Fremdkörper*
In der Luftröhre: bei hängendem Oberkörper kräftige

Schläge zwischen die Schulterblätter, eventuell auch Beatmung.
In der Speiseröhre: zum Würgen und Erbrechen reizen.
Im dringendsten Notfall kann die sogenannte »äußere Zwerchfellkompression« angewandt werden. Sie heißt auch Heimlich-Handgriff, nach dem Arzt, der sie erfunden hat.
Bei stehenden oder sitzenden Patienten: von hinten mit den Armen die Taille umfassen, über dem Bauch zwischen Nabel und Rippenbogen eine Hand zur Faust ballen, die Faust mit der anderen Hand ergreifen, kurz und kräftig, wenn nötig mehrmals die Bauchdecke nach oben (in Richtung Zwerchfell) drücken.
Bei liegenden Patienten: in Hüfthöhe über dem Patienten knien, Hände zwischen Nabel und Brustkorb legen (Haltung wie bei der Herzdruckmassage), kurz und kräftig die Bauchdecke nach oben in Richtung auf das Zwerchfell drücken.
Beim Heimlich-Handgriff kommt der Fremdkörper wie ein Sektkorken aus dem Mund geschossen.

*Gehirnerschütterung*
Anzeichen: Bewußtlosigkeit, Erinnerungslücken, Übelkeit und Erbrechen, Schwindelgefühl.
Bei Bewußtlosigkeit wird der Verunglückte in die stabile Seitenlage gebracht und, falls erforderlich, beatmet. Wenn er bei Bewußtsein ist, darf er sich nicht bewegen. Von Fachkräften transportieren lassen, es sei denn, er muß aus bedrohlicher Situation gerettet werden.

**Herzmassage: dem Tod ein Schnippchen schlagen**

*Herzdruckmassage*
Die Herzmassage oder Herzdruckmassage ist eine extreme Notmaßnahme, die mit Gefahren verbunden ist. Der Helfer darf die Herzmassage daher nur anwenden, wenn er die Technik, die er nur unter ärztlicher Anleitung am Phantom (Puppe) richtig erlernen kann, völlig beherrscht. Am Menschen darf nie geübt werden. Er muß außerdem vorher feststellen, daß Atemstillstand und Herz-Kreislauf-Stillstand vorliegen, um den Betroffenen nicht unnötig zu gefährden. Du kannst allerdings damit einen noch zu rettenden klinisch Toten vor dem

endgültigen und biologischen Tod bewahren und gewissermaßen wieder zum Leben erwecken. Als Pfadfinder solltest du diese Methode können.

Für denjenigen, der sie erlernt hat, beschreibe ich hier in Anlehnung an den im »Lehrbuch für den Sanitätsdienst« veröffentlichten Text, was zu machen ist.

Zunächst einmal die Maßnahmen der Herzmassage oder Herzdruckmassage, die jedoch nur in der unten beschriebenen Weise kombiniert mit der Atemspende sinnvoll ist:

Der Verunglückte wird ohne den geringsten Zeitverlust auf eine harte Unterlage gelegt. Seine Beine sind hochzulagern, gegebenenfalls hochhalten zu lassen. Der Helfer kniet seitlich neben dem Betroffenen und bestimmt zunächst den Druckpunkt für die Herzmassage, indem er das untere Brustbeinende (in der Mitte des Brustkorbs) sucht und dann drei Finger breit in Richtung Hals den richtigen Druckpunkt findet.

**Finger ausstrecken!**

Er markiert mit dem Finger diesen Druckpunkt und legt sogleich seinen Handballen mit nach oben gestreckten Fingern darauf. Der andere Handballen wird genau auf den ersten aufgesetzt, ebenfalls mit nach oben gestreckten Fingern. Das Hochstrecken der Finger verhindert, daß die Finger neben dem richtigen Druckpunkt einen gefährlichen Druck auf Rippen und Organe ausüben können.

Mit in den Ellbogengelenken gestreckten Armen und unter Einsatz des eigenen Körpergewichtes durch Gewichtsverlagerung des Körpers über die gestreckten Arme wird nun das Brustbein des Betroffenen, nicht die angrenzende Rippenpartie, kräftig senkrecht nach unten vier Zentimeter gegen die Wirbelsäule gedrückt. Dieser Druck hat stoßweise in einer bestimmten Frequenz (siehe weiter unten) zu erfolgen.

**Handballen nicht abheben!**

Bei der schnellen Entlastung des Brustbeins nach dem Druck darf der Handballen nicht abgehoben werden, um den Druckpunkt nicht zu verlieren. Der Druck ist richtig dosiert, wenn während der Herzdruckmassage der Puls am Hals tastbar wird.

Die Herzmassage darf nicht unterbrochen werden, wenn der Helfer den Eindruck hat, daß Rippen oder

das Brustbein des Betroffenen brechen. In diesem Fall werden jedoch nochmals Druckpunkt, Druckstärke und Druckrichtung überprüft.
Beim Kind wird die Herzmassage mit einer Hand, beim Säugling mit zwei Fingern durchgeführt. Der Druckpunkt liegt dabei höher als beim Erwachsenen, aber noch im Bereich der unteren Brustbeinhälfte. Die Frequenz ist schneller als beim Erwachsenen, und zwar 120 Druckbewegungen pro Minute. Da der kindliche Brustkörper elastischer ist als der des Erwachsenen, muß der Druck entsprechend vermindert werden.
Durchführung der Herz-Lungen-Wiederbelebung mit zwei Helfern:
Erster Helfer: Atemstillstand feststellen. Nach fünfmaliger, schneller Atemspende Puls beidseitig am Hals und die Pupillenweite an beiden Augen kontrollieren. Zweiten Helfer verständigen, wenn der Puls nicht einsetzt und die Pupillen weit bleiben. Nach jeder fünften Herzmassage einmal durch Atemspende schnell und kräftig beatmen (zwischen 5. und 6. Massage). Etwa alle zwei bis drei Minuten Atmung, Puls, Pupillenweite und Hautfarbe kontrollieren.
Zweiter Helfer: Dem auf der harten Unterlage liegenden Patienten die Beine hochlagern oder durch einen dritten Helfer hochhalten lassen, gegebenenfalls Brust frei machen und den Druckpunkt aufsuchen. Herzmassage 60mal pro Minute. Die Massage darf durch die Beatmung des ersten Helfers nicht unterbrochen werden, da die Blutzirkulation aufrechterhalten werden muß.
Durchführung der Herz-Lungen-Wiederbelebung durch einen Helfer: Atemstillstand feststellen, fünfmal kurz und kräftig beatmen, Puls und Pupillenweite beidseitig kontrollieren, bei nicht feststellbarem Puls und weiten Pupillen den Betroffenen auf eine harte Unterlage bringen und eventuell Beine hochlagern, Herzmassage fünfzehnmal, Kontrolle von Puls und Atmung, bei Pulslosigkeit und Atemstillstand wechselnd zweimal beatmen und wieder fünfzehnmal Herzmassage. Im Rhythmus zwei zu fünfzehn weiter wiederbeleben, etwa 80 Druckbewegungen in der Minute. Der Wechsel zwischen Be-

atmung und Herzmassage erfolgt rasch und ohne Pause. In Abständen von zwei bis drei Minuten Atmung, Puls, Pupillenweite und Hautfärbung kontrollieren.

**Anzeichen des Erfolgs**

Anzeichen für eine erfolgreiche Herz-Lungen-Wiederbelebung sind: frischere Hautfarbe, tastbarer Puls, gleichzeitige Verengung der Pupillen, Wiedereinsetzen der Atmung. Treten Anzeichen für einen Erfolg auf, kontrolliert der Helfer Atmung und Puls. Sind Puls und Atmung ausreichend, werden die Atemwege des Betroffenen freigehalten (Hals überstrecken oder Seitenlage). Zu beachten: Die Seitenlage erschwert die Kontrolle von Atmung und Puls und verzögert die eventuell nötige Wiederaufnahme der Herz-Lungen-Wiederbelebung.
Atmung und Puls müssen ständig kontrolliert werden.

*Hitzeerschöpfung*
Erkennbar an Blässe, Schwäche, kaltem Schweiß mit Frösteln, schnellem schwachem Puls. Patienten in den Schatten bringen, salziges Wasser trinken lassen (zwei Teelöffel Salz auf einen Liter Wasser), Seitenlage oder, falls erforderlich, Beatmung. (Siehe *Hitzschlag* und *Sonnenstich*.)

*Hitzschlag*
Es besteht Lebensgefahr!
Erkennbar an hochrotem Kopf, heißer, trockener Haut, hoher Temperatur, auffallend teilnahmslosem Gesichtsausdruck. Kühl lagern, Kleidung öffnen. Stabile Seitenlage oder, falls erforderlich, Beatmung. Kaltfeuchte Tücher kurz auflegen und erneuern. Luft zufächeln. (Siehe auch *Sonnenstich*.)

*Hundebiß*
Siehe *Biß*.

**Eis lutschen, um nicht zu ersticken**

*Insektenstich*
Lebensgefahr durch allergischen Schock möglich (siehe *Schock*). Insektenstich im Mundraum: Erstickungsgefahr durch Zuschwellen der Atemwege. Eis lutschen lassen. Schnellster Transport ins Krankenhaus.

*Klinischer Tod*
Ein Mensch ohne Pulsschlag und Atmung ist klinisch tot – aber nicht verloren! Er kann mit der *Atemspende* und der *Herzdruckmassage* gerettet werden!

*Knochenbrüche*
Siehe *Brüche*.

*Kopfverletzung*
Siehe *Brüche* und *Gehirnerschütterung*.

*Kratzspuren von Tieren*
Siehe *Biß*.

*Lawine*
Transport des Geborgenen zur nächsten lawinensicheren Stelle in Seitenlage, Beatmung, Herzdruckmassage. (Siehe auch Kapitel »Wenn's gefährlich wird«, S. 143.)

*Lymphbahnentzündung*
Wird vom Volksmund irrtümlich als Blutvergiftung bezeichnet. Erkennbar an roten Streifen, die von der Wunde wegführen. Schmerzhafte Schwellung der Lymphknoten an Leiste und Achsel. Der Kranke fühlt sich matt und schlaff und hat Fieber. Bis zur dringend erforderlichen ärztlichen Versorgung betroffene Stelle hochlagern, Alkoholumschläge machen.

*Mund-zu-Mund-Beatmung*
Siehe *Atemspende*.

*Nasenbluten*
Kalten Umschlag in den Nacken, Kopf bei leichten Blutungen zurücklegen. Bei starker Blutung Blut aus dem Mund laufen lassen.

*Ohnmacht*
Sekunden dauernde Mangeldurchblutung im Gehirn. Seitenlage in frischer Luft.

*Quetschungen*
Kühl halten. Bei ausgedehnten Quetschungen Salzwasser zu trinken geben: zwei Teelöffel Salz auf einen Liter Wasser.

*Schlangenbiß*
Siehe *Biß.*
*Scheintod*
Siehe *Klinischer Tod.*

**Die rettende »Schocklage«**

*Schock*
Kann bei jeder Verletzung, Krankheit und bei jedem Unfall auftreten. Immer daran denken! Möglicherweise lebensgefährlich. Erkennbar an schneller und schwächer werdendem Puls, Blässe, kalte Haut, Frösteln, Schweiß auf Stirn, Unruhe, Angstgefühl. Das Bewußtsein bleibt meist erhalten!
Maßnahmen: Vor allen Dingen den Verletzten in Schocklage bringen. Wärmeverlust verhindern. Beruhigen, Puls und Atmung kontrollieren, Verletzungen versorgen.
Schocklage: Verletzter liegt auf dem Rücken. Beide Beine durchgestreckt senkrecht emporziehen. Kurze Zeit in dieser Lage halten, dann den Verletzten schräg lagern. Umgedrehten Stuhl oder geeignetes Gepäckstück unter die Beine schieben.

*Seitenlage*
Ein Bewußtloser muß in die Seitenlage gebracht werden, damit Blut, Erbrochenes oder Schleim nicht in die Atemwege gelangen, sondern seitlich abrinnen können. So wird es gemacht: Du kniest neben dem auf dem Rücken liegenden Bewußtlosen, drückst ihm seinen dir zugewandten, gestreckten Arm nahe an den Körper, so daß er leicht unterm Gesäß liegt, und stellst sein dir zugewandtes Bein möglichst stark angewinkelt auf. Dann nimmst du ihn an Schulter und Hüftgegend der dir

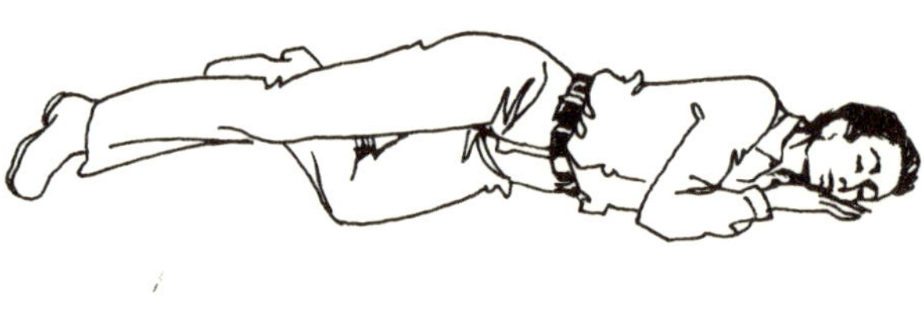

gegenüberliegenden Seite und ziehst ihn zu dir herüber. Er fällt automatisch in die »Seitenlage«. Schiebe ihm den Kopf zurück, so daß sein Gesicht erdwärts liegt, und lege ihm die Hand seines oben liegenden Armes unter die Wange. Übe diese Handgriffe mit deinen Freunden!

*Sonnenstich*

**Heißer Kopf und kühle Haut: Sonnenstich**

Erkennbar an hochrotem, heißem Kopf, kühler Körperhaut, Kopfschmerz, Rastlosigkeit, Übelkeit oder Erbrechen, Schwindelgefühl, steifer Nacken, möglicherweise Bewußtlosigkeit. Manchmal – vor allem bei Kindern – hohes Fieber auch nach längerer Zeit. Kinder können bei Sonnenstich auch blassen Kopf haben. Mit erhöhtem Kopf in Schatten lagern, stabile Seitenlage oder, falls erforderlich, Beatmung. Kopf mit nassen Tüchern bedecken. Siehe *Hitzeerschöpfung* und *Hitzschlag*.

*Stauung*

Nur bei Biß durch Giftschlangen darf gestaut werden. Eine Stauung wird dicht herzwärts der Wunde an Arm oder Bein angelegt, indem man zunächst wie bei einer Abbindung ein Halstuch um den Arm schlingt oder um das Bein bindet. Es wird jedoch nicht so stramm gezogen wie bei einer Abbindung! Der Puls muß immer noch leicht tastbar sein!

Die Stauung unterbindet also nicht die Blutzufuhr durch die Arterie, wohl aber den Rückfluß des Blutes durch die Venen in den Körper. Das Gift kann aus dem gestauten Körperteil nicht in den Kreislauf zurück, sondern wird dank der Stauung durch verstärkte Blutung ausgeschwemmt.

Eine Stauung darf erst nach einer Antiserum-Injektion durch den Arzt gelöst werden.

*Stromunfälle*

**Achte auf den roten Blitzpfeil!**

Vorsicht: Du bist als Retter selbst in Gefahr!

Bei Haushalts- oder Gewerbestrom (Spannungen bis zu 1000 Volt) verkrampfen sich die Muskeln des Betroffenen. Er klammert sich, ohne es zu wollen, an die Leitung. Wenn der Strom nicht sogleich unterbrochen wer-

den kann (Ausschalten, Stecker ziehen, Sicherung herausnehmen), dann trenne den Verunglückten mit einer Holzlatte von der Leitung. Stell dich dabei auf isolierende Unterlagen: dicke Zeitung, Brett, Gummibelag. Fasse ihn nicht am Körper an!
Bei höher gespannten Strömen (über 1000 Volt) – sie sind fast immer durch einen roten Blitzpfeil gekennzeichnet – darfst du dich dem Betroffenen nicht nähern, weil du in das Kraftfeld gerätst und bei sehr großer Spannung der Lichtbogen auf dich überspringen kann. Bleibe mindestens zehn Meter entfernt. Veranlasse, daß der Strom abgeschaltet wird.
Erst wenn das E-Werk die Abschaltung bestätigt hat, kannst du den Betroffenen aus der Elektroanlage herausholen.
Maßnahmen bei Stromunfällen: Ruhelage, Atmung und Puls prüfen. Bei Atemstillstand Beatmung. Bei Herzstillstand Herdruckmassage, bei Bewußtlosigkeit stabile Seitenlage, keimfreie Bedeckung der Brandwunden.

*Tollwut*
Siehe *Biß*.

**Wie man einen Verletzten transportiert**

*Transport*
Der Transport eines Schwerverletzten soll grundsätzlich geschulten und ausgebildeten Rettern vorbehalten bleiben, allerdings ist es mitunter nötig, einen Verunglückten aus einer gefährlichen Situation – aus einem brennenden Auto etwa – zu retten. Dafür gibt es folgende Methoden.
Der Rautek-Rettungsgriff: Der Helfer hebt den Verunglückten von hinten in sitzende Stellung, greift mit beiden Armen unter den Achseln durch, faßt mit den Händen den überhakten Unterarm des Verletzten und schleift ihn rückwärts schreitend fort.
Tragen mit Tragring: Zu diesem Zweck wird ein Dreieckstuch zu einem Ring verknotet und von zwei nebeneinanderstehenden Helfern mit der jeweils äußeren Hand gehalten. Die inneren Arme der Helfer verschränken sich zur Rückenlehne. Der Verunglückte

kann sich an den Schultern der Retter festhalten.

Aufheben zu dritt von der Seite: Drei Helfer knien an der gesunden Seite des Verletzten, schieben ihre Arme vorsichtig unter den Körper des Liegenden, heben ihn auf Kommando gleichzeitig an und legen ihn auf eine untergeschobene Trage. Ein Helfer muß mit einer Hand den Kopf stützen.

Aufheben zu dritt im Grätschstand: Drei Helfer stellen sich im breiten Grätschstand über den Verletzten und fassen ihn an der eingedrehten Kleidung, heben ihn auf Kommando gleichzeitig an und legen ihn auf eine untergeschobene Trage. Ein Helfer muß mit einer Hand den Kopf stützen. Die Trage kann notfalls aus Decken, sogar aus Hemden gemacht werden.

Bei Verdacht auf Halswirbelsäulenverletzung muß ein vierter Helfer mit beiden Händen den Kopf unter ganz leichtem Zug halten. Ich wiederhole jedoch nochmals, daß ein Verletzter mit Verdacht auf Wirbelsäulenbruch nur im alleräußersten Notfall in seiner Lage verändert werden darf und ansonsten so liegen bleiben muß, wie er aufgefunden wird, auch wenn diese Lage unbequem erscheint!

Jede Veränderung kann tödlich sein!

*Unterkühlung*

**Bei Unterkühlung nicht nah zum Ofen!**

Transport ins Krankenhaus ohne vorherige Aufwärmung. Falls das nicht möglich ist: Transport zunächst an windgeschützten Ort, dann in Raum mit Zimmertemperatur. Nasse Kleidung entfernen, nicht in Nähe des Ofens lagern, Kopf tief, bei Bewußtlosigkeit Seitenlage. Heißes, süßes Getränk, keinen Alkohol!

*Verätzungen*

Das sind Gewebezerstörungen, hervorgerufen durch Laugen und Säuren. Die spätere Heilbehandlung wird begünstigt, wenn der Arzt die chemische Zusammensetzung des Ätzmittels kennt. Es ist daher, wenn möglich, ins Krankenhaus mitzubringen.

Verätzungen des Mundes und des Magen-Darm-Bereichs: Nicht zum Erbrechen reizen! Viel Wasser zur Verdünnung geben.

Verätzung der Haut: Alle Kleider und Strümpfe entfernen. Wunden bis zur ärztlichen Vesorgung ununterbrochen mit Wasser spülen. Dabei muß darauf geachtet werden, daß das abfließende Wasser den kürzesten Weg über die Haut nimmt. Nachschub an Wasser sicherstellen. Falls kein Wasser vorhanden: ätzende Stoffe abtupfen. Vorsicht: Als Helfer mußt du darauf achten, daß du dich bei Spülungen nicht selbst verätzt!
Augenverätzung: siehe *Augenverletzung.*

Verbrennung
Siehe *Brandwunden.*

**Hilfe gegen Gift: das Telefon**

*Vergiftung*
Wichtig: Du sollst von vornherein immer wissen, wo die nächste Informationsstelle für Vergiftungsfälle ist. Bei Verdacht auf Vergiftung rufe dort an. Du erhältst kostenlose Auskunft, was zu tun ist. Dann mache, wenn möglich, folgende Angaben: Alter des Vergifteten, Art und Menge des aufgenommenen Giftes, Zeitpunkt der Giftaufnahme, Anzeichen der Vergiftung, bereits durchgeführte Maßnahmen. Laß dir am Telefon genaue Anweisungen geben, und handle danach. Speisen, eventuell Urinproben des Vergifteten mit dem Rettungsauto mitgeben! Chemiker können daraus auf die Art des Giftes schließen. Natürlich sollen auch, falls vorhanden, Verpackungen von Gift mitgegeben werden.
Bei Vergiftung ist entscheidend, ob sie durch Essen und Trinken oder durch Einatmen entstanden ist.
Vergiftung durch Essen und Trinken: erkennbar durch plötzliche Übelkeit, Erbrechen, Schaum vor dem Mund, vermehrter Speichelfluß, Durchfall, Brechdurchfall, Krämpfe, Lähmungen, Puls extrem langsam oder extrem schnell, Bewußtseinstrübung, Bewußtlosigkeit, Erregungszustand, Euphorie (überbetonte Heiterkeit). Atemstörung, Atemstillstand, Gesichtsröte oder -blässe, Rauschzustände, auffallend weit geöffnete Pupillen. Natürlich treten diese Symptome nicht alle zusammen auf, sondern vereinzelt. Mitunter deutet ein einziges, besonders ausgeprägtes Anzeichen auf Vergiftung hin. Maßnahmen: Beatmung oder Seitenlage. Hilfe beim

Erbrechen, Salzwasser einflößen und erbrechen lassen. Notbehandlung muß mit telefonischen Anweisungen der Informationsstelle für Vergiftungsfälle ergänzt werden.

Vergiftung durch Einatmen: Vorsicht: Du bist als Retter durch Giftschwaden selbst gefährdet!

**Wirf das Fenster ein!**

Wenn der Verunglückte in einem von Kohlenmonoxid erfüllten Raum liegt, mußt du ihn mit angehaltenem Atem zu retten versuchen. Eine Maske aus Stoff (Halstuch) nützt nichts! Öffne die Fenster. Wirf sie notfalls ein. Mache kein offenes Feuer, schalte kein Licht an, betätige keine Klingel oder das Telefon – denn Kohlenmonoxid kann bei der geringsten Funkenbildung explodieren. Es ist enthalten in den Auspuffgasen verschiedener Motoren und im Rauch, es entsteht außerdem durch ungenügende Verbrennung und bei schlecht ziehenden Öfen.

Wenn der Vergiftete in einem mit Reizstoffen (Lackdämpfe zum Beispiel) erfüllten Raum liegt, sollst du bei der Rettung ebenfalls den Atem anhalten. Schließe, wenn möglich, die Augen. Spüle sie nach der Rettungsaktion aus.

Wenn der Verunglückte durch Kohlendioxid erstickt ist, besteht höchste Lebensgefahr, so daß Laien von einer Rettungsaktion abgeraten wird. Sie sollen unverzüglich Feuerwehr oder entsprechende technische Hilfsdienste alarmieren. Wer trotz dieser Warnung das Risiko eingeht, muß wissen, daß er so gut wie verloren ist, wenn es ihm nicht gelingt, in dem mit Kohlendioxid erfüllten Raum während der gesamten Rettungsaktion den Atem hundertprozentig anzuhalten! Nur Fachleute mit Atemschutzgeräten sind sicher. Kohlendioxid tritt auf in Gärkellern, Futtersilos, Brunnenschächten und als Rauchbestandteil. Maßnahmen: bei Atemstillstand oder Bewußtlosigkeit Atemspende oder Seitenlage.

Vergiftung kann auch durch Verätzung entstehen (siehe *Verätzung*).

*Verkehrsunfall*

**Explosionsgefahr bei Verkehrsunfall**

Offenes Feuer vermeiden. Auslaufendes Benzin kann explodieren. Aufgaben verteilen:

1. Nachkommenden Verkehr vor Auffahrunfällen warnen, besonders bei Kurven und Bergrücken. Warndreiecke aufstellen, mit Signalfahnen winken. Eventuell auch Gegenverkehr warnen. Nachts: Lichtsignale mit Taschenlampen.
2. Polizei und Rettungsdienst alarmieren, eventuell auch Feuerwehr. Bei Autobahnen zeigen Pfeile an den Stabmarkierungen neben der Fahrbahn in Richtung des nächstgelegenen Autobahntelefons. Autofahrer anhalten und bitten, daß er zum nächsten Telefon fährt und Alarm gibt.
3. Verklemmte Türen öffnen, gegebenenfalls aufbrechen oder Fensterscheiben zertrümmern, um Sperrsicherungen zu öffnen.
4. Bergung der verletzten Insassen.
5. Erste-Hilfe-Leistung.

*Verrenkung*
Nicht einrenken! So behandeln, als wäre der Knochen nicht verrenkt, sondern gebrochen (siehe *Brüche*).

*Verschlucken*
Siehe *Fremdkörper*.

*Verstauchen*
Siehe *Verrenkung*.

*Verschüttung*
Bei Auffindung des Verunglückten sofort Mund, Nase und Brustkorb freimachen. Nach Rettung Beatmung, Herzdruckmassage durchführen oder Seitenlage. Siehe auch, was ich über Lawinenunfälle im Kapitel »Wenn's gefährlich wird« ab Seite 140 geschrieben habe.

*Wunden*
Siehe *Blutung*.

*Wundstarrkrampf (Tetanus)*
Wird durch Krankheitserreger ausgelöst. Infektion selbst bei kleinsten Verletzungen möglich. Endet im allgemeinen tödlich. Bei geringster Wundreaktion, vor al-

len Dingen bei beginnendem Krampf der Kaumuskulatur ein bis vier Tage nach der Verletzung sofort zum Arzt. Kann mit anderen Symptomen auch Monate oder Jahre später ausbrechen. Schutz nur durch Grundimmunisierung (siehe Seite 167).

*Wundverband*
Du kannst Pflaster, Mullbinden und auch dein Halstuch verwenden. Wie sie angelegt werden, siehst du aus den Abbildungen. Es sind nur grundlegende Verbandsysteme abgebildet. Der Ellbogenverband beispielsweise gilt auch fürs verletzte Knie.

Das für Erste Hilfe nötige Material findest du in einem »standardisierten Verbandsbeutel«, der in jeder Apotheke erhältlich ist. So einen Verbandsbeutel sollte jeder von euch besitzen.

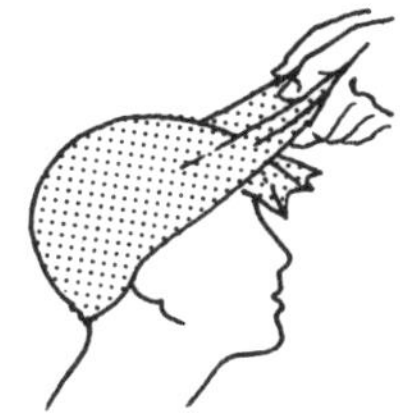

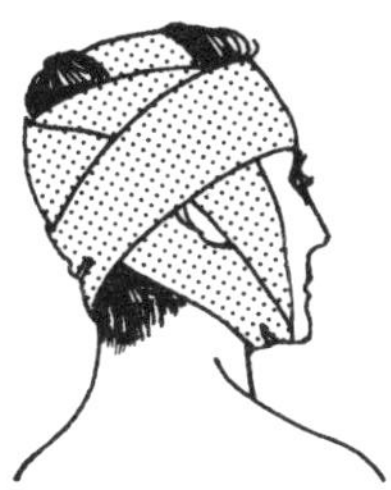